理想のメンバーを育む

人財育成の教科書

ビューティアトリエグループ代表
郡司成江
Masae Gunji

かざひの文庫

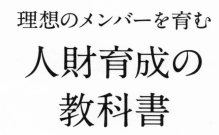

はじめに

組織の宝は「人」

「人がなかなか育たない…」
「『育ってきたな』と思ったら辞めてしまう…」
「右腕となるような存在がいない…」
「社内で人間関係の問題が尽きない…」
「どの立場の人も育つしくみをつくりたい」

講演や研修を通して、経営者や幹部の方たちから、このような悩みを日々打ち明けられます。

いつの時代でも、人をどう育成していくかという問題は、尽きることがありません。わたし自身もそうです。

先代から会社を引き継ぎ、わたしが経営に携わってから、もっとも力を入れてきたことは人財の育成でした。

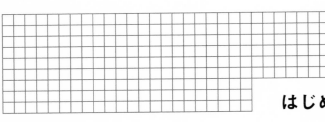

世代によって、人のタイプは異なります。さまざまな世代がともに働いている分、うまくいかないこと、調整しなければいけないことがたくさん生じますし、直面する課題もどんどん変化していくので、常に柔軟な対応が求められます。

多くの経営者の方たちが実感していることと思いますが、人が育つ会社を追求していくことは、容易ではありません。

人財育成は、会社を運営するうえでは、まさに永遠のテーマです。

でも、組織は、そこで働く「人」次第。

だからこそ、いつまでも磨き続ける必要があるのです。

こう思えるようになるまで、わたし自身もたくさんの過程を経てきました。どちらかというと個人主義だったところから、人の大切さを痛感し、人財育成に舵を切りはじめてからは、だんだんと会社が成長を遂げ、気づけば自分たちも驚くほど、絆の深い組織へと変わっていきました。

代表に就任してから、わたしはこれまで、のべ1000人のスタッフと一人ひとり対峙し、現在は140名超のメンバーと、日々の業務に取り組んでいます。

人を大切にするという先代の頃からのスタンスを受け継ぎながら、毎年さまざまな試みを実施し続けてきた結果、ありがたいことに、2021年に「日本でいちばん大切にしたい会社大賞」審査委員会特別賞を受賞することができました。

いま、改めて、人の持つ力と、人を育成することで拓ける可能性を感じているところです。

近年は、業種を問わず、全国の企業や経営者の方たちに向けて、わたしたちの人財育成スタイル、経営方針についてお話しする機会も増えてきました。

そんななか、今回の出版のお話をいただいたのです。

本書では、わたしたちビューティアトリエグループが、たくさんの壁にぶつかりながらも実践してきたさまざまな試みを、事例も織り交ぜながら、あますことなくお伝えします。

組織の宝は「人」です。

でも、はじめから人の育成がうまくいくことは、ほとんどありません。

思うようにいかず、葛藤することの連続です。

それでも、真摯に向き合ったその先には、社員のしあわせ、経営者のしあわせ、そして会社の大きな発展が待っています。


ひとりでは成し遂げられないことが、「会社」というチームでなら実現できる。

それが、関わる皆にとってもしあわせなものであれば、これ以上のことはありません。


強くて温かい組織を、ぜひ一緒につくっていきませんか？

２０２１年12月　郡司成江

理想のメンバーを育む　人財育成の教科書

目次

2 人を育てる

3 未来を描く

4 右腕が企業を支える

5 経営方針を定める

1

経営を考える

01 企業は「人財」によって付加価値を生む

叱られ慣れていない世代には、「心の教育」が不可欠

企業は、人で決まります。

いかに人を育てるか、働く人の質を高めていくかが問われるわけですが、世代間のギャップによって、人財を育成する際に、ズレが起こりやすくなっているという課題を抱えている企業は多いのではないでしょうか。

たとえば、現在の若手世代は、親から厳しいしつけを受けた経験がないことが多く、注意されることに慣れていないという特徴があります。

企業は、そういった世代も含めて、さまざまなタイプの人が活躍できるようなしくみをつくっていかなければなりません。

では、まず何をすればいいのでしょうか。

わたしは、スタッフの「心の教育」をしていくことだと考えています。

仕事で成果をあげ続けるには、心が整っていることが不可欠。

わたしたちは、一人ひとりの心を整えるしくみづくりに力を入れています。

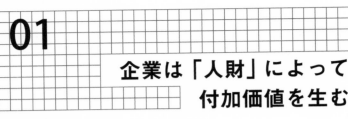

継続できない人の特徴は、自己肯定感が低いこと

とくに、サービス業の場合、お客様に選ばれる大きな要因は「人」です。美容室のカットはどこでもできてしまうものなので、いい人財を育てていかなければ会社の付加価値はつきません。

美容室には、基本的に専門学校を卒業した20歳以上の人が入社してきます。毎年少しずつ傾向が異なりますが、現在の20歳前後の世代は、もともとの人間性も、人への興味も、技術を習得する能力も、とても高くなってきています。

ただ、課題は、継続することが苦手な人が多いということです。便利な世の中になり、いまは何をしなくてもいろいろなものが手に入るようになりました。

ちょっとしたことなら我慢する必要がなくなってしまったために、継続が苦手な人が増えてきているように感じます。

コツコツ続けられる人と、まったくできない人のどちらかにはっきり分かれているという印象です。

中間がいないので、より差が激しく見えるのでしょう。


継続できない人は、自己肯定感が低い傾向があるという印象を受けます。

心がポキッと折れたとき、自分で自分を信じていなければ、周囲にほめてもらっても立ち直ることができません。


そして、自分を認められない分、続けるのがつらくなって、お店を辞めてしまうケースが多いのです。

転職する場合は、これまでとまったく違う業種に転向する人も少なくありません。以前は、

「せっかく資格を取ったのに、美容師を辞めるなんてもったいない」

と親御さんに引き留められるケースが多かったのですが、いまはわが子の意思を尊重して
「あなたの好きにしなさい」

と背中を押すご家庭が多いので、余計に美容業界から離れやすくなったのでしょう。

スタッフの自己肯定感を上げ、企業の付加価値を高める

自己肯定感の低い人が少なからずいるなか、これから企業が取り組むべきなのは、安心・安全な環境のなかで、スタッフの自己肯定感を上げ、生産性と質を高めていくことではないかと思います。

わたしたちビューティアトリエグループでは、スタッフを育み、お客様に付加価値を提供できるようになるための人財育成に力を入れています。

そのための考え方と方法を、本書でじっくり解説していきます。

02 自分の成功だけを考えているトップは、成長できない

人を育てる近道は、トップ自身が自分を整えること

人を育てるためには、トップやリーダー自身が、自分のあり方を整えることが一番の近道です。

まわりにいる人は自分の鏡。

自分のあり方次第で、まわりはいい仲間にも悪い仲間にもなります。

人財育成とは、育成する側のあり方を考えていくものなのです。

じつは、わたし自身、昔は自分の成長だけを考えているタイプでした。

人の面倒をみるのも苦手なうえ、人に時間をとられることも、あまり好きではありませんでした。

とくに、学生のときは自分の技術を磨けばいいという競争の世界に身を置いていたので、隣の人がトレーニングをしていなくても、自分さえ上達すれば問題ないという状況でした。

「ひとりの力」と「仲間の力」

一度は就職が決まっていたのですが、もともと高校教師だった父が、教え子のカメラマンさんを紹介してくれたことで、大きく進路が変わりました。

その人はカメラの専門学校を出ていなかったので、一流と呼ばれるレベルの仕事を得るまでに大変な苦労をしたそうです。その経験から、

「就職が決まったのはいいことだけれど、入る場所はちゃんと考えたほうがいい」

「無名のマイナスからスタートする必要はない」

というアドバイスをいただきました。

その助言をきっかけに、わたしは質の高い勉強をすることを考えはじめ、ロンドンのヴィダル・サスーンという、世界的に有名な美容学校に進み、ハサミを持ったことのない人でも入れるクラスに通うことにしたのです。

ヴィダル・サスーンには、全世界から生徒が集まり、サロンではたくさんのスタッフが働いていました。ここでわたしは、自分で黙々とスキルを高めていく「ひとりの力」と、周囲と協力し合いながら成長していく「仲間の力」を学ぶことができたのです。

もともと、会社の創業者である母が人を雇って働いている環境で育ったので、わたしには「ひとりで働く」という意識がありませんでした。

もしも母がひとりで美容室を経営していたら、おそらくわたしもひとり店長だったでしょう。

育成することで、人は一人前になる

ロンドンから日本に帰国して家業の美容室に入社したとき、最初は仲間がまったくできませんでした。そんなわたしが、先代から最初に任された仕事が、若手のスタッフたちにカットを教えることでした。

いまでは考えられないことですが、閉店後21時からはじめて深夜1時頃まで練習をする日々。

一緒に時間を過ごすことで、距離が縮まり、若い人たちが上達することを喜んでいる姿を見ることが、いつのまにかわたし自身の楽しみにもなっていったのです。

この「人を育成する」というチャンスがあって、はじめてわたしは自分のあり方を見直すことになりました。

自分の成功だけを考えているうちは、トップも企業も伸びません。人と関わり、仲間になるところまで関係を築いていく。

トップはこのプロセスを怠ってはいけないのです。

03 ベクトルを、スタッフやお客様のしあわせに向ける

相手のしあわせを想って接しているか

人が育たない会社や、人を育てられない人には特徴があります。

・会社を経営するのは自分のため
・これを売るのも自分のため
・きれいごとを言うけれど、結局は自分のため
…こんなふうに、ベクトルが全部自分に向いてしまっているのです。

ベクトルが自分に向いている人は、怒るときも、自分がスッキリするためであったり、自分の理論を通すことを目的にしてしまっています。

相手のことを想っているかどうかは人に伝わるもの。

言っていることが正しいかどうか、間違っているかどうかということよりも、まず、相手のことをどれだけ想っているかが大切です。

人のことを想っているかどうかが問われている

自分を大切にすることも、自分を満足させることも、どちらも重要なことです。

でも、最終的には自分のことばかりではなく、周囲がしあわせになることを想っているか。人のことを自分のことのように想っているかどうか。

そのあり方を人は見ています。

想いのある人のもとに、人が集まり、どんどん育っていくのです。

人を育てることに苦手意識を持っていたり、なかなか思うようにいかないと思うときには、リーダー自身が、まず自分にベクトルを向けてしまっていないか、見つめ直したいですね。

04 経営者の視点を持つ人を育成する

ひとりですべてをコントロールしようとしない

会社の規模を広げていくほど、経営者ひとりですべてを管理するのは難しくなっていきます。

不測の事態に陥ったときはもちろん、日々の細かな業務、新しく事業をはじめるときなど…何もかもに対応しようとするには無理が生じます。

経営方針や営業方針を決めて全社員へ向けて発表することはできても、とくにお客様と1対1で対応しなければいけない現場まで見てまわることはできません。

わたしも、さすがに23店舗9業種の現場で日々起きていることを、ひとりでコントロールすることはできませんでした。

ですから、会社の理念にもとづいて、その場で考えて判断できる人が必要なのです。

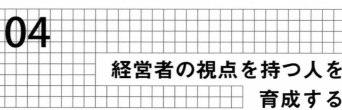

現場で判断して、行動できる人を増やす

「いま自分たちがしていることは、本当にお客様のためになっているのか？」
「お客様に寄り添っていくために、現場ではどうしたらいいのか？」

指示された通りの業務をこなすだけでなく、お客様に合わせて電話をかけたり、個別に相談に乗るところまで現場で判断して行動できるようになるのが理想です。

そのためには、リーダー一人ひとりが、社長のように、自分で判断できる人になるようにすることが不可欠。

経営者側も、ただ「リーダーを育成する」ということを目指すのではなく、「経営者視点を持った人を育成する」というゴールを見据えて動きたいところですね。わたし自身も、日々奮闘しています。

05

任せることで、人は成長していく

人のせいにしているうちは、うまくいかない

まだわたしが100%ハサミを持っていた27～28歳の頃、売上を上げるには、

「自分ががんばるしかない」

と思い込んでいました。

でも、わたしひとりだけで一生懸命働いていても、お店はまったく伸びなかったのです。

そして、そのことを、その当時のわたしは
「あの人が悪い、この人が悪い」
といつも誰かのせいにしていました。
これでは、うまくいくはずがありません…。

そんなとき、ある外部講師の方から

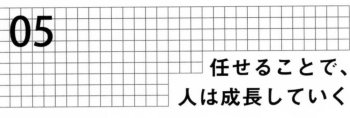

「一度外に出てみたほうがいいんじゃない」

とアドバイスをいただきました。

「え!? 一生懸命やっているのに、わたしが悪かったの!?」

と、当時はかなりショックを受けました。

でも、いつかはハサミを置かなければいけないとわかっていたので、そのタイミングを機にマネジメントや経営の勉強をはじめたのです。

トップが外に出ることで、人に任せられるようになる

日本とロンドンとの間で大きなギャップを感じていたことのひとつに、美容師という職人へのイメージがあります。

わたしが学んでいたロンドンでは、手に職を持っている美容師という職業を敬う風土があったのですが、日本では

「勉強が苦手だから美容師になった」

という人も多く、世間からもそういった目で見られていました。

そんな背景もあって、わたしはマネジメントや経営の勉強をする際には、

あえて美容業界の外に飛び出すことにしたのです。

そして店舗の仕事から離れてみたところ、驚くことにスタッフが一気に育っていき、お店の売上もどんどん上がっていきました。

任せることで、スタッフのやる気も上がる

それまで、わたしが店舗にいたときには、相手の意見を聞けず、

「それは違うんじゃないか」

とスタッフを否定してしまいがちでした。

ところが、お店を空けるようになると、状況がわからなくなる分、わたしの態度も自然と変わっていき、スタッフに判断を任せたり、お願いをしたり、相手の意見に素直に耳を傾けられるようになりました。

結果的に、お店を任せられたスタッフたちは、

「やっと任せてもらえた！　認めてもらえた！」

と、さらにやる気になり、売上も伸びていったのです。

ひとりでがんばらないほうがうまくいく

現場にいるときは、ハサミを持って給料をいただいていたので、「ハサミを持たずに同じ給料をもらうには、何かのスキルを身につけなければ…」

と、自分のスキルアップのために外に出たわけですが、それによって人が育っていったことで、

「わたしがいないほうが、うまくいくということ?」

と、当時のわたしはかなり衝撃を受けました。

結局は、自分ひとりでがんばるより、人に任せられるようになったほうがうまくいくのだということが、よくわかった出来事です。

06

社風に合った人を採用する

もともと持っている本質は無視できない

人の本質を、根本的に変えることは難しいものです。

わたしたちも、もともと明るくない性格の人を採用して試行錯誤したことがありましたが、根本の人柄は変わりませんでした。

現在は、ビューティアトリエの社風が
「団体行動大好き、おもてなし大好き」
と確立されてきたこともあり、採用したい人の性格が定まっています。

だからこそ、その人が本質として持っている部分はどうしても無視はできません。

わたしたちの採用面接では、

「団体行動大好き、おもてなし大好き」

という部分が合うかどうかを重視しています。

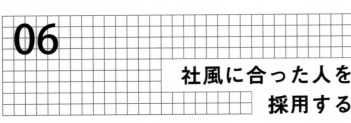

優秀でも、社風に合わない人は続かない

基本的に落ち込まない人はいません。採用面接時に
「落ち込んだときはどうしますか?」
と尋ねると、大半の人は
「1日くらい落ち込んで、寝たら直ります」
と言うのですが、なかには1ヵ月くらい悩んでしまうという人もいます。
「社会人になって悩みごとができたらどうしますか?」
と聞いたときに、考え方があまりにも暗い人は、根本のベクトルが違うので、採用は難しくなります。

人の本質の性格は、周囲が変えられない部分ですから、採用しても長く働き続けることができません。

社風に合う人を採用しましょう。

そのほうが、本人にとっても、会社にとってもしあわせです。

07 人として大切にしたいことを、スタッフ全員で共有する

人としてのあり方を伝える「アトリエ家訓」

ビューティアトリエには、「アトリエ家訓」というものがあります。

これは、会社が掲げているビジョン（使命）やミッション（実現したい未来）とはまた別のものです。

人として大切にしたい考え方を、ここで共有しています。

「アトリエ家訓」

一、人様に迷惑をかけるな

一、人様のお役にたつ人になれ

一、嘘をついてはいけない

一、弱き人に手をさしのべよ

一、自分に負けるな

「いまどき、人としてなんて…」

と言われてしまうかもしれませんが、美容師や企業人である前に、「何よりも人としてこういう人でありたい」ということが家訓となっています。

重要事項はとくにしっかり共有する

スタッフが会社を退職するときは、特別に大きな規約については、書面でサインをしてもらっています。その規約のなかに、「お客様のリストは持っていかない」という項目があります。

店頭でお客様のお名前や住所を教えていただく際は、「お店からお客様にとっていい情報を伝えるという目的です」と、会社としてお客様から了承をいただいたうえで頂戴しています。

その取り扱いは、会社の責任として、規約に明記してあります。

このような、法律にも関わる大切なことは、しっかりと共有したほうがいいでしょう。

仕事で身につけてほしいことは行動指針にまとめる

ビューティアトリエでは、「アトリエ家訓」のほかに、次のような10項目の「行動指針」を設けています。

これは、身につけていくと仕事がスムーズにうまくいく、行動の基本のようなものです。

「10の行動指針」

1　志を高く持つ
2　命を輝かせた仕事をしよう
3　良いことに意識を向けよう
4　相手を元気に笑顔と挨拶と握手をする
5　利他の心（心からのおもてなし）
6　約束を守る
7　誠実な仕事をし、誠実な人になろう

8　家族のような愛情を持って接する
9　感謝の心を持ちプラスの言葉を発しよう
10　アトリエの一番商品はあなたです

この10項目は、時代によって少しずつ変わってきました。

日々この考え方を持って仕事をしていると、自然と物事がスムーズに進んでいきます。

最初は右も左もわからない人でも、この「アトリエ家訓」と行動指針にもとづいて行動することで、会社の一員としての考え方が整っていきます。

経営理念やビジョン、ミッションを掲げながら、具体的な行動指針も見える化しておくことが、質の高い経営には必要ではないかと思うのです。

08

スタッフ一人ひとりが輝ける環境を模索する

その人が輝ける、適材適所を見つける

スタッフとは1年に一度、代表であるわたしとのマンツーマンカウンセリングの場を設け、
「将来どうなりたいか、どういうことが好きなのか」
を聞いています。

スタッフの特徴を把握し、どのようなポジションで仕事をしてもらうのがよいか、１４０名全員を想いながら組み立てていくのがわたしの仕事です。

美容師や理容師よりほかに向いている仕事があると感じるときには、違うスキルを活かすポジションに配置したり、スタッフに直接
「こういうことをしてみたら？」
と提案をすることも多々あります。

合わない場所に行くと、人の輝きは失せてしまうからです。

140名それぞれ皆、個性も異なります。

時間もかかるので、全員がベストの位置づけではないかもしれませんが、適材適所を見つけてあげることで、個々が輝くのです。

人はそれぞれにいいところがある

一度で輝く場所を発見できるときと、できないときがありますが、発見できないときは、勤務地やポジションを変えていきます。

ここは本人と話し合って決めていきます。


誰もがそれぞれにいいところを持っているものです。一番星のように輝かなくても、どこかで活躍できるところがあればいいと思いませんか？

居場所がない状況が続くと、スタッフが会社にぶら下がるという状況にもなってしまうので、個々が羽ばたける場を見つけたいところです。

美容師から、得意を生かして転身する

たとえば、技術者になるより、接客や絵を描くことに長けているスタッフには、会社で必要となる素材のイラストや絵を描いてもらっています。販売用のポストカードを作成したり、お客様から絵画制作のご依頼を受けたりもしています。

花開くには時間がかかりますが、実際にうまくいくケースもあるのです。

現在わたしたちが提供しているドライヘッドスパ部門のリーダーも、技術者にはなりたくないという希望を持っていました。

ただ、美容室でのマッサージの施術だけではお給料を払えないため、ドライヘッドスパを習いに行ってもらったのです。

その後インストラクターになり、現在は専門のマッサージを提供して、多くのお客様に喜んでいただいています。

スタッフ間の横のつながりをつくる

登壇する講演会でもよく質問されるのですが、人を育てるしくみとして、ビューティアトリエでは「委員会制度」を設けています。

これは、強い会社になるために、縦だけでなく横のつながりをつくることを目的としています。横のつながりをつくるには、学校の委員会のように、各々に役割を持たせるといいのではないか、という考えからです。

スタッフ全員が参加した経営をしたいと考えているので、「おもてなし委員会」「商品管理委員会」など、全員が何かしらの委員会に入っています。

ただ大切なことを伝えるだけではなく、体験をしながら育てていくことで、人は育っていくと思うのです。

09 スタッフの「スキル」と「人間力」を高めるしくみをつくる

データを通して、伸び悩んでいるスタッフをフォローする

伸び悩んでいるスタッフに対しては、さまざまな救済のしくみをつくり、苦手なことを改善できるよう、トレーニングしています。

たとえば、指名率や失客率などは一人ひとりデータとして出るので、その人の足りないところがはっきり数字でわかります。

担当したお客様が３ヵ月のサイクルで来店しているかどうか、新規のお客様が３ヵ月以内に戻ってきているかどうかなど、ルール上のパーセンテージは出すことができるので、それをもとに、つまずきに気づけるようになりました。

データを見ながら、

「ここをもっと勉強してみたらいいかもね」

と定期的にアドバイスしています。

農業体験やボランティア活動を通して、人間力を高める

人間力を高める取り組みとして、体験の教育プログラムを用意しています。会社で畑を借りての農業体験や、週に一度、朝のゴミ拾いを行ったり、ボランティアで子どものイベントを開催したり、スポーツイベントなどに参加したりして、自分たちのできることをしています。

そのほかにも、1、2年目のスタッフが接客を学びに、長野の旅館に1週間住み込みをしていたこともあります。

「やることが多くて大変そうだな…」

と思われるかもしれませんが、ビューティアトリエでは、入社する前に、

「取り組むことがたくさんある会社です」

「成長したくない人や、いろいろなことにチャレンジするのが嫌な人は、入社しないほうがいいですよ」

と伝えているおかげで、まったく合わないという人は出てきていません。

社員に向けてあり方や考え方を伝えていく

メンタルの面でのサポートは、シスター制度や、先輩たちやわたしによるカウンセリングでも行います。

また、日々、プラスのことに目を向ける習慣をつけるために、チームで「いいこと」を共有することで、個々の「あり方」にもいい影響が生まれています。

年に数回、全員に向けて「郡司塾」を開催し、あり方や考え方を伝えるのも、定例行事です。1年目には、月1回2時間の社長講話を設け、テーマはフリーですが、「あり方」を中心に伝えつつ、考え方を共有する勉強会もしています。

稲盛和夫さんの「人生の方程式」という考え方にあるように、「熱意」や「能力」だけでは不十分。やはり「考え方」が大切なのです。

人生はかけ算ですから、考え方がマイナスのままでは、人生もマイナスになってしまいます。

実際に、どうしてもうまくいかない人や退職していく人を見ていると、技術ではなく、その人のマイナスな考え方が少なからず影響しているのを感じます。

人としてどうあるべきか、会社で伝える

いまは、子ども時代に「人としてどうあるべきか」を教えてくれるような存在が、なかなかいないのではないでしょうか。

ですから、考え方を整える機会を、できるだけ会社で設けるようにしています。若いうちからあり方を整えることは、その人が成功する一番の大きな要因になるはずです。


考え方やあり方、生き方は、本当にその人が変えようと思わない限り、よくならないもの。会社として、成長する機会を提供することも、いまの時代には必要なのかもしれません。

10

トップは、不安を感じたらとにかく動く

誰かに相談しても、最終的には自分で決断する

経営者には、日々考えなければいけないことがたくさんあります。もし不安になったときには、できるだけ早くその不安を潰していくようにしましょう。

「人の問題をどうすればいいか…」
「資金が心配…」
「将来のことを考えると、漠然とした不安がある…」

不安がわいてきたら、すぐに人に相談してみてください。
専門家に相談したり、信頼している人の話を聞きにいくといいでしょう。

わたしの場合、基本的には、自分の関わる業界や所属する団体の人たちから世の中の動きを学び、自分のビジネスや人生と照らし合わせながら答えを出すようにしています。そして、それだけでは判断できないほど困ったとき

には、経営コンサルタントの先生やその道のプロの先生に相談するのです。

ただし、最終的な答えは自分で決めます。

将来どこに行きたいか、目的地がピタリと同じ人はいないものです。まわりへ相談することは大切ですが、人の意見に流されるだけではいけません。最後に決断するときは、何事も自分で行うようにしましょう。

不安なときほどすぐ動く

不安になると、立ち止まってしまう人もいますが、ただひとりで考え込んでも、最良の答えは出ないものです。

ですから、不安なときはくよくよせず、すぐに動くこと。

まったく動いていないときほど不安になるという人は、多いのではないでしょうか。

人は、ワクワクする瞬間が多くないと、つい不安に陥ってしまいます。

ですから、ネガティブな思いがわいてきたときは、ワクワクする仕事や、自分の興味があることに、意識的に取り組んでみてください。

考えているだけでは結果は出ません。

とにかく人に話して、動いてみることが大切なのです。

現状維持では、徐々に下がっていってしまう

現状維持は、少しずつ下がっていることと同じです。

ですから、現状維持に安心はありません。

人は1年ごとに歳をとっていきます。

何もしなければ、体力は落ちていき、皮膚も衰えていくでしょう。同じことをしていても、その差は埋められないのです。

ですから、何かプラスのことをしていかなければいけません。

守りに入ったり、受け身になるのではなく、前年より1%でもプラスオンして、いまの会社、いまの自分と差が生まれるよう行動していきましょう。

これは経営にも、人生にも言えることです。

2

人を育てる

11

人がどう伸びるかは、入ってからでないとわからない

素直な人が伸びていく

わたしたちの会社の一番の出世頭は、ベトナムのダナンにあるBeauty Atelier J-First DaNangの男性店長です。

もともとは、クセのあるタイプだったので、美容学校の先生から「彼はビューティアトリエに行かなければどうなっていたか…」と、いまでも言い継がれています。

男性スタッフには、100人いたら90人にカッコいいと言われるような人を目指してもらっています。そうなるには、いわゆるカリスマ美容師のようなタイプではなく、さわやかで清潔感があるのが第一です。

彼は、新人時代、先生に歩き方を指摘され、背中に棒を入れて歩く練習をするように命じられました。すると、夕飯時を過ぎても、声をかけられるまで1日中練習をしていたのです。

彼が一番の出世頭になったのは、根がとても素直で、誰に対してもお節介なくらい優しく、研究熱心だったからでしょう。

人が成長するには、本人の素直さが不可欠なのです。

クセがある人の採用は、会社にとっても賭けになる

クセのある人は、グンと伸びるか、難しいかのどちらかです。

前述した彼の場合、

「クセは強いけれど、化けたらすごいことになるかもしれない」

という思いで採用してうまくいきました。でも、同じように
「化けるかもしれない」

と思ったタイプでも、約半数はそうはなりません。

人の採用は、賭けでもあります。ただ、組織に新しい風を入れるチャレンジは、続けたほうがいいと思うのです。

12 採用人数を減らして、一人ひとりを大切に育てる

一人ひとりに目が届く環境にすると離職率も下がる

美容室は、以前ほど儲かるビジネスではなくなってきました。

新卒で入社したスタッフにお客様がつくようになって、月の売上が100万円以上になるまでには、通常4年ほど時間がかかります。

ただそれくらいの時期になると、上京した人は地元に帰りたくなるというタイミングを迎えます。

ビューティアトリエは、スタッフの約7割が県外出身者なので、ここではほとんどの人が地元に帰ってしまいます。これは仕方のないことです。

ですから、わたしたちも地元に帰る前提で、早く一人前に育てることを考えるようになりました。

以前は、新卒者の採用も毎年20～25人ほどしていましたが、新人がいればいるほど、一人ひとりに目が届かなくなってしまったので、人を減らしてしっかり育てるようにシフトしていきました。

現在の新卒採用は、一度につき10人程度にしています。

それによって、一人ひとりを大切に育成でき、もともと低かった新人の離職率もさらに減ってきています。

スタッフが長く働ける環境をつくる

美容室の新人といえば、日中は店舗の掃除をして、夜中にトレーニングをすることが当たり前でした。いまは平日に研修を行い、閉店後のトレーニングもしていません。


ずっと美容師として働く人ばかりでもないので、スタッフがしあわせに働き続けていくためには、いろいろな事業を立ち上げることも必要です。

わたしたちのグループが店舗を複数持っている理由のひとつは、ひとりでも多くのスタッフに、長く続けてもらうためでもあります。

「一人ひとり丁寧にじっくり」という心がけは、失いたくないところです。

13 熱意と根性、想いが人の心を動かす

応募のときの電話でも、その人の想いは伝わってくる

現在店長を務めているスタッフのなかには、一度面接で落ちたあと、もう一度申し込みをしてきて、採用になったという根性のある人もいます。

あるメンバーは、最初の面接であまりにも態度が悪く、わたしの印象にも残っていました。接客業界に入るにしては、面接時の目つきが悪く、態度もひどいものに感じました。

ところが、二次募集をしたときに、その人から、

「一時募集で落ちたのですが、もう一回受けたいので書類を出してもいいですか?」

という電話があったのです。

落とした人から再度連絡をもらうことははじめてだったので、まずそのがんばりとエネルギーに対して純粋に驚きました。会社としても、

「どうしてもここがいい」
と言ってもらえることはとても嬉しいことです。そこで
「態度は悪いけれど根性があるから、来たら合格にして、わたしが面倒をみよう」
と決めたのです。

電話や応募があっても当日面接に来ない人もいるのですが、そのメンバーは時間通りに面接に来たので即採用にしました。

2回目の面接ではそこまで目つきも悪くなく、態度も普通でした。

悪気はないものの、少し気を抜くと仏頂面になってしまったり、悪気がない分人前で平気でガムを噛んでしまったりするというタイプだったのです。

年次が上がっても人の本質は変わらない

もちろん入社してからも感覚がずれているところがあったので大変でしたが、本人はかなりがんばって勉強していました。

入社後4年間はわたしが直接教えていたのですが、その後、店長もできるかもしれないと思い転勤をお願いしました。でも最初は、

「なんで転勤なんですか。もうこのお店にいらないってことですか！」

と怒ってきたくらいです。

「店長になれるかもしれないと思ったから異動をお願いしたんですよ。栄転ですよ」

と説明し、いまでは店長を担ってくれています。

きちんと話せば納得してくれる素直さはあるのですが、いまでもすぐ熱血になってしまうところは相変わらずです。

このメンバーに限らず、店長やその上の役員のなかには、昔はヤンチャだったという人が少なからずいます。

初対面で「大嫌い」と言ってきたマネージャーも

わたしが入社してすぐのこと。まだ一緒に働いてもいないスタッフから

「わたしは、あなたのことが大嫌いです」

と言われたことがありました。

当時は、まだ先代の時代だったので、新しく入ってきたわたしを気に入らなかったのかもしれません。

彼女も感情の起伏が激しいところはありましたが、とても仕事にまっすぐで素直なタイプだったので、心を開いて話をすれば、理解してくれる人でした。いまでは、マネージャーとして会社を支えてくれていて、とても頼もしく感じています。

振り返ってみると、長く残ってくれている人は、「熱意」や「想い」、「根性」を感じるエピソードを持っている人が多いかもしれません。

クセが強すぎるからと手放してしまうより、こちらが粘ることで、会社の宝になる可能性も秘めているのです。

14 中途採用にも教育は必須。皆で一緒に成長していく

中途採用メンバーほど、コミュニケーションが必要

わたしたちは、新人をゼロから育てるノウハウをたくさん培ってきました。「ビューティアトリエはこういうスタイル」という会社のカラーがはっきりしているので、育てる側からすると、まっさらな卵のほうが育成しやすいという面があります。

ただ、カフェ、まつ毛エクステ、ネイルなどのサービス部門には、中途採用者が多くいます。

彼女たちは、すでに働いてきた経験がある分、個々にさまざまな考え方を培ってきています。

ですから、その人のすでに持っている価値観や仕事の仕方と、会社のやり方とをすり合わせる必要があるのです。

このときに、コミュニケーション力がとても重要になります。

ただ、しっかりとズレなくすり合わせられる人もいれば、そうではない人もいて、一人ひとりまったく違うのです。

ビューティアトリエでは、このすり合わせていく経験値がまだまだ少ないなと感じています。

中途採用がメインの会社では、雇用が安定しない

いまの美容業界は、全体的には中途採用が主流です。人が足りないから募集をせざるを得ないのでしょう。

スタッフが不足していたり、入社・退職の数が多いと、お店が安定せず、お客様にもご迷惑がかかります。

わたしたちが、採用を毎年4月に1回のみと決めているのは、雇用を安定させる目的もあるのです。

中途採用が当たり前の業界もあります。

教育が大変なので、中途採用しか受け付けていない会社もあるくらいです

が、この場合、人によってはすぐに辞めてしまうという問題もあります。

わたしたちは、中途採用者にも、できるだけ長く会社にいてほしいと思っています。ですから、最初に
「中途採用が少ない会社なので、長く働いてほしくて採用している」

「ここであなたの夢を一緒に叶えていきましょう」

とお話ししています。

わたしは、

「現状維持＝少しずつ落ちている」

ととらえるタイプなので、常に成長すべく、新しいことに取り組んでいます。その分、成長したくないタイプの人は、一緒にいてもつらくなってしまうでしょう。


最近は、会社のカラーがはっきりしているので、合わないと感じた人はすぐ退職しますが、1～3ヵ月間順調に働けたら、その後は中途採用者も長く続けてくれるようになってきています。

新人も中途メンバーも、全員で成長し合っていく

中途採用者を育てるという感覚がない企業も多いのではないでしょうか。

基本的には、人材不足で採用する分、育てる余力がないからかと思います。

ただ、このスタイルを続けていると、どうしても雇用が安定しづらくなってしまいます。


美容業界の場合、優れた人はまず独立を選択するものです。

ですから、特別に秀でた人が中途入社してくること自体、あまりないことだと思ったほうがいいでしょう。


また、技術がある人でも、かならずしも人間として完璧なわけではありません。ですから、ビューティアトリエに入ってきてくれた人は、皆で長く一緒に成長し合っていけたらいいなというスタンスで、関係を育むようにしています。

15

人事は、自分の感覚を信じて決める

人の話をよく聞いて、お店の普段の様子を知る

「マネージャーは、現場を見に行きなさい」

と言われている人も多いのではないでしょうか？

わたしもよくそうアドバイスされていましたが、個人的にはあまり意味がないと思っています。

わたしが現場に出向くと、その時間はどのスタッフも気を張って動くからです。普段の雰囲気やお客様への対応がわからなければ、せっかく足を運んでも、実際の様子はわからないものです。

ですから、直接現場に顔を出すよりも、それぞれから普段の状況について話を聞いたり、一人ひとりと会ってカウンセリングをする形に変えていきました。

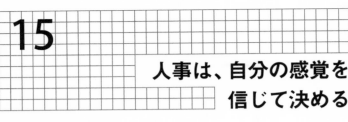

最後は自分で感じたことを信じる

店舗を任せるとき、以前は先代の意見を聞いて決定していましたが、現在は、まわりの意見を聞きながら、最終的にはわたしの判断で決めています。

わたし自身がまだ若かった頃は、この人に任せようと思っても、「じつは、ほかではこう言われていましたよ…」という情報が入ってくると、迷ってしまうこともありました。

でも、人はいろいろな顔を持っていて当たり前です。

いまは、まわりがどう言っていても、直接会ったときに自分がどう感じるかを信じて決めるようにしています。

自分が信じて、騙されるのは仕方がないこと——。

そう思って決められなければ、いろいろな人の意見に振りまわされてしまうでしょう。最終的には、ほかの人の意見よりも、自分の感覚で判断することが大切だと思うのです。

16 役割は、向き不向きより本人の意思を尊重する

4人までなら、誰もがチームをつくれる

「わたしは人を育てることができません」

という相談や質問を、昔からよく耳にしてきました。

わたし個人としては、人を育てるのに、向いていない人はいないと考えています。

たいていの人は、家族の単位である4人までは、チームを持って面倒をみられるはずです。

そのチームを、20〜30人という規模にできるかどうかは、その人の度量次第になるでしょう。

リーダーの資質は、本人がリーダーになりたいか・なりたくないかが、ひとつの大きなポイントです。

人を育てる適性があっても、リーダーになりたくない人の場合、4人の面

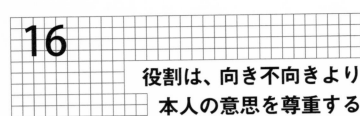

倒をみるのはつらいでしょう。

逆にリーダーになりたいという気持ちがあれば、コミュニケーションに課題のある人だとしても、４人までなら問題なくチームを育てられるはず。

それくらい、本人のやる気は大切なのです。

役割を任されることで、目覚める人もいる

会社では、本人がやりたくなくても、役割を任命されるということがあるでしょう。この場合、たとえ本人の能力が高く、まわりは「できる」と思っていても、本人にまったくその気がないのなら、わたしは時期尚早と判断しています。

とはいえ、実際には、役割を任されるうちに本人が目覚めていくこともあるので、チャンスが訪れた人には、ぜひ挑戦してほしいと思っています。

冒頭でもお話ししましたが、わたし自身がまさにこのタイプでした。

スタッフの育成を任された当初は、人の面倒をみることは苦手でしたが、実際に取り組んでいくうちに、だんだんとやりがいを感じるようになっていったのです。

与えられた役割を受け入れると、人はラクになる

長子の人たちは、生まれながらに面倒をみる弟妹がいて、「お兄ちゃん」「お姉ちゃん」と呼ばれて育ってきています。

わたしも長女なので、小さい頃から弟たちの面倒をみてきました。

ただ、最初からそれを受け入れられていたわけではなく、その環境がつらくてたまらない時期もありました。

でも、大人になって仕事で育成を任されるようになってから、改めて客観的に自分のタイプを考えてみると、面倒をみてもらうより、明らかに「面倒をみるタイプ」だったことがわかったのです。

自分の意思とは関係なく、いままで生きてきた環境で自然とそうなってきたこと自体、運命といえるのではないでしょうか。

それに納得したとき、

「わたしはもともと人の面倒をみるタイプだから、リーダーをしよう」

と気持ちを切り替えることができました。


わたしの場合は30歳を過ぎてから気づいたのでかなり遅かったのですが、

「人の面倒をみる運命なのだ」

と認めるようになってからは、とてもラクになったと感じています。


本人の意思を大切にしながらも、役割を受け入れることで、新しい世界が拓けることもあることを、伝えていけるといいですね。

17 リーダーの素質を見極める

発言と行動が一致しているか

人間ですから、たいてい誰もが何かしらの陰口をたたかれてしまうものです。ただ、できるだけ陰口を言われない人のほうが、リーダーとしての成長が早く、結果も出しやすくなります。

逆に、いつも悪口を言われるような人は、リーダーになってもなかなかうまくいきません。

このタイプの人の多くは、発言していることと実際の行動が違っていることが多く、人から不信感を抱かれてしまいがちです。

この傾向が強ければ強いほど、残念ながら人がついてきません。

ですから、マネジメントしているうちに、本人もどんどんつらくなってしまうでしょう。

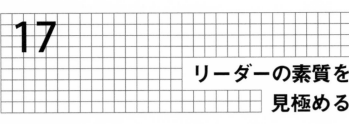

素直な人、他人を許せる人がうまくいく

細かすぎる人がリーダーの場合も、人はなかなか育ちません。

リーダーは、他人のことを許せる人、素直な人がいいのです。


たとえば、自分が教育している部下とぶつかることがあったとしても、

「わたしもこういうところが悪かったよ」

と言えること。

多少言い合いになったとしても
「そういうのはいいね」

と相手を認められる素直さが、リーダーには必要です。


これができず、細かなことまで気にしてしまう人、まわりを許せないタイプの人は、たとえ本人に力があっても、リーダーになると苦労してしまうでしょう。

「自分が大好き」な人は、店長になってから伸び悩む

美容業界は、自分のためにがんばる人が出世しやすく、店長にもなりやすい業界でもあるので、とくに最初のうちは、「自分が大好き」なタイプの人が伸びていく傾向があります。

このタイプの人は、自分のために技術トレーニングをしますし、自分のお客様には100%の愛情を注いでくれるので、結果が出やすいのです。

ただし、店長になってからは、非常に苦労するでしょう。

基本的に、自分の成長に関してはとにかく計画をするものの、自分と自分のお客様にしか興味がないからです。

また、自分ができることについては、できない人の気持ちがわからなかったり、高い理想を相手に押しつけたりしてしまうので、まわりの人がついていけません。

ですから、どんどんスタッフが辞めてしまうことになるのです。

そこで自分のやり方が間違っていたと気づける人は大きく成長していきますが、気づかない人や、気づいても変えることができない人の場合は厳しいでしょう。

加えて、もともと人に興味がないので、

「どんな趣味があるの？」

「その靴、似合うね」

「髪の毛切った？」

というように、スタッフと雑談のような会話ができない人もいます。

接客業なので意外かもしれませんが、じつは、美容師にはこういうタイプの人がとても多いのです。

仲間と一緒に仕事をすることが難しいタイプの人は、最終的にひとりでお店を出すことも少なくありません。

「人を育てられない人はいない」と前述しましたが、それでも、現場を任せるときには、できるだけ本人の資質も見極めていきたいものです。

18

新人は、早期育成で自信をつけさせる

研修期間は短くし、現場でやりがいを感じてもらう

新人研修の期間は、短くて2週間、長くて3ヵ月間です。

その期間は、朝から晩まで研修を行います。

基本は2週間なのですが、最近は少し長めになってきました。


研修内容は、電話応対、お茶出し、接遇を教えてお店に出てもらうというスタイルです。

ただ、最近は3ヵ月間をプラスして、ハンドマッサージや肩マッサージ、次回の予約を取れるようになることなど、できるだけすぐにお客様の接客ができるようになるためのサービスを盛り込んで教えています。


以前は、新人ならまずシャンプーができるようになって、掃除や下準備をして、それから接客を覚えていくという流れでした。

この点を改善して、まずお客様の接客に入れるようにしたのです。

仕事でほめられることで自信がつく

できるだけ早くお客様へのおもてなしができるようにした理由は、新人に
「何が大変ですか？」

「何が嬉しいですか？」

というアンケートをとった際に、

「怒られることが一番つらく、ほめられることが一番嬉しい」

という結果が出たからです。


以前の新人研修期間は入社2週間から1ヵ月間程度だったので、現場では掃除くらいしかお願いできることがありませんでした。そして、どの美容室でも、ここで辞めてしまう新人がとても多かったのです。


それを変えるために、新人がお客様の対応をして、

「ありがとう」

「あら、1年目なのにこんなこともできるの!?」

とほめられるよう、研修や店舗育成の流れを変えていったのです。

誰かのサポートではなく、直接お金をいただき、なおかつ仕事でほめられることで、着実に自信がついていきます。

興味のあること、やりたいことができる環境を整える

また、新人のなかには、1年もたたないうちに

「美容師になろうと思ったけれど、やってみたら向いていなかった」

という人もいます。

そんなときは、基本的に嫌なことはさせないことが一番です。

ビューティアトリエでも、いままではカットができてから次のステップに進むというしくみを採用していましたが、

「ネイルが好き」

「まつエクがいい」

という人は、相談のうえ、カットより先にそちらに移れるようにしました。
「これができるようになったら、次に好きなことができる」
という期間を待てない人も増えています。これをそのままにしておくと、
結局、仕事への気持ちが続かなくなってしまうのです。

ですから、美容師のキャリアとしては遠回りかもしれませんが、まずは好きなことを先にさせてあげるようにしています。そして、本人が
「将来のためにカットもできるようになりたい」
と思ったときに美容師のキャリアに戻れるよう、しくみのほうを変えていきました。

「そこまでするんですか？」
と驚かれることも少なくないのですが、結果的に質の高いサービスを提供できれば、皆にとっていいことです。
いまは、時代に合わせて、教育研修のしくみを根本から大きく変える必要があることを、日々実感しています。

19

新人教育のカリキュラムは、毎年新しくブラッシュアップする

一人前にする期間を「4年→2年」に縮めるしくみづくり

美容室のカット料金はもう何年も上がっていませんが、家賃や人件費は年々上がっています。

もともと美容業界では、カットができるようになるまでには、4年かかるのが当たり前といわれていましたが、ビューティアトリエでは15年ほどかけて、2年間で教育を終えられるようになりました。

さらに、現在は最初の3ヵ月でお金をいただけるように研修をしていることで、もともと低かった退職率がさらに減りました。

新人に関しては、1年間のシスター制度があり、ひとりにつき、新人研修担当者が3～4人つきます。

担当者は3～5年目くらいの先輩たちです。

新人研修には基本となるカリキュラムがあるのですが、そこに新たにどういったテーマを盛り込むかということも、わたしと新人研修担当者たちで一

緒に考えることのひとつです。

次年度の研修内容を決めるときは、今年の新人研修を振り返ったり、店頭での課題があれば盛り込んでいきます。

たとえば、もしお客様に対して言葉が出ないのなら、コミュニケーション力をテーマにして研修を組み立てていく、といった流れで実施しています。

「教えてもらって当たり前」から、自主的に学ぶ姿勢を教える

一人前にするのに通常4年かかるところを、2年で終わらせるために、ビューティアトリエでは、1年間は週に2日、営業中に集中して勉強する時間をとるしくみを採用しています。

この研修のなかで、美容師ならかならずできるようにしてほしいというカット技術はすべて教えられる構成になっています。

そして、2年目以降は、自分で努力して身につけていってもらうのです。

ここで重要なのは、仕事と学生はまったく違うということ。

学校の延長のように、

「教えてもらえるのが当たり前」

という意識でいることは非常に大きな問題なのです。

技術は自分で研ぎ澄ませる意識を持つ

美容学校のカリキュラムが実践的ではない場合には、とくに
「知らないのだから、教えてもらって当然」

という意識になってしまうのかもしれません。ただ、本来は、

「技術は盗むもの」

といわれるように、自分でもスキルを研ぎ澄ませていく意識を持ってもらいたいところです。


カット技術は、1年目に会社が手取り足取り教えていきますが、2年目以降は、

「自分の成長を考えるのならば取り組んでください」

というスタンスで環境を用意しています。

具体的には、各々が自主的にモデルを連れてきて、先輩たちのチェックを受けてもらうという形です。


およそ80名のヘアカットをして、テストに合格すればお客様の前に立つことができます。

大変そうに聞こえるかもしれませんが、それでも、通常より1年ほど早く店舗に立てているのです。


人によっては、お客様から指名をいただけるようになるまでに時間がかかることもあります。

この点は、今後の育成の課題になりますが、できるだけ早く一人前になれるしくみを整えることが、会社にとっても、スタッフにとってもよりよい選択になると思い、日々取り組んでいます。

20 注意するときは感情的にならないように、冷静に伝える

注意する目的は、改善点を相手にわかってもらうこと

お客様が不満に思うことをしてしまったとき、冷静に、その人がどうして注意されているのかがわかるように教えてあげることがとても大切です。

以前は、日本の社会全体に
「先輩の言うことはすべて正しい」
という風潮があり、感情的に怒る人もたくさんいました。
でも、感情的に怒るのは、「注意」ではありません。

注意をしたり、叱ったりすることの本来の目的は
「これをしてはいけないよ」
ということをわかってもらうことです。

感情のままに怒っても、内容が伝わらない、間違えたことが直らない、怒っ

た人のことをよく思わない…、というように、デメリットばかりになってしまいます。

そして、それが日常的になってしまうと、本当に大事なことを伝えたいときに、相手にきちんと伝わらなくなってしまいます。

もちろん人間ですから、カチンとくることもありますが、そのときに「自分は悔しくて怒っているぞ」と、自分で理解して、冷静になることが大切なのです。

人と人との問題にはいろいろなことがあるので、トップやリーダーにとっては永遠の課題ですよね…。

わたし自身も、日々訓練中ですが、注意する必要があるときには、ひと呼吸置いて、できるだけまわりの人に理解してもらえるように、意識をして伝えましょう。

21 なかなか伸びないスタッフは、こう育成する

基本の型ができるまで、根気強く教える

どうしても、一度で仕事を覚えられない人はいるものです。

そういった人たちに対して、わたしたちは、基本の型ができるまで、繰り返し教えるようにしています。


指導するときは、その人のできない理由を一緒に考えていくこと。

たとえば、メモを取らない、記憶力がとぼしい、思い込みが激しい…といった、「できない原因」をきちんと知るようにしましょう。

原因がわかれば、あとは改善するまで根気よく続けるだけです。


「苦手なことはできません」で終わってしまうと、まわりの人と仕事をする際に迷惑がかかってしまいます。ですから、できないことは、努力して人並にまでできるように、本人にもお願いしていきましょう。

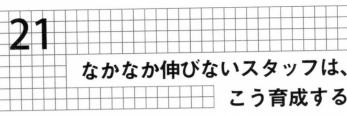

注意するときは、いいところもセットで伝える

一見課題だらけという人にも、かならずいいところがあるものです。

「あなたは、ここができないけれど、いいところはここだよね」

「ここは伸ばしていったほうがいいよ」

と伝えて、モチベーションが下がらないようにしましょう。


苦手なところだけを突いても仕方がないので、かならず得意なところを見つけてあげてください。ここはとくに、年代によって差のあるところです。


現在の若手の人たちには、かなり意識をして
「ここがとてもいいよね。でも、ここはこうしてね」

と言わないと、心が折れてしまいます。

また、その一方で、あまりほめられると、

「叱ってほしい」

と言ってくる人もいます。まったく叱られることがないと、ほめてもらえたことが嘘っぽく聞こえるのだそうです…。

素直に信じればいいのにとも思いますが、こちらの伝え方にも工夫が必要なところです。

人を感動させる「あり方」を伝える

どんな仕事でも同じですが、技術だけではお客様や一緒に仕事をするスタッフは感動しません。仕事の仕方とあり方はセット。

この両方があって、はじめてひとつの仕事が完成するのです。

このことを若手のうちにわかっておかなければ、

「技術だけできるようになればいい」

と勘違いさせてしまうことにもなるので、

「それだけでは人は感動しないし、一緒に仕事をしようとは思わないんだよ」

と基本の新人研修ではっきりと伝えるようにしましょう。

たとえば、パソコンを打つのが得意で、文章が上手な人は、たしかに仕事は進むかもしれませんが、それなら機械でもいいということになってしまいますよね。

いくら優秀な人でも、仕事を頼みづらかったり、信頼関係を築きづらいタイプの場合、仕事への「想い」について相談ができないので、できあがった広告や書類を読んでも心が震えないものになってしまったりします。

ですから、技術だけでなく、人としての仕事に対するあり方も伝えるようにしたいものです。

このように、なかなか伸びないスタッフには、技術面や心理面でもサポートが必要になります。

もちろん本人の努力は不可欠ですが、教育する側も、根気強く繰り返し大切なことを伝えるように心がけたいものです。

22

自分勝手な人はなかなか伸びない

人の話を聞かない人が多い

なかなか伸びない人は、そもそも人の話を聞いていません。

聞いているようでいて、まったく聞いていないのです。

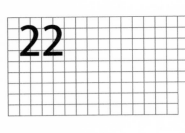

自分のやり方を通したがる人も同じです。
メモも取りませんし、
「頭のなかだけでもいいから復習してね」
とまわりが言っても、復習しない人もいます。

そういう人たちは、集中力も欠けていて、考えることが苦手です。

「なんでできないのだろう?」

「ここはこうだから、こうしたほうがいいのかな…」

ということを考えることができないのです。


サービス業で接客をしているなら、相手のことを考えて対応できるようにならなければいけません。

こういった自分勝手な人ほど、仕事ができず、伸び悩んでしまうのですが、困ったことがあっても、まわりに質問することもなく、わからないことをそのままにしてしまうことも起こりがちです。

仕事に対して、気持ちが真剣ではないということが、とても問題なのです（一方で、真剣になりすぎて、空まわりしてしまう人もいますが…）。

仕事ができるか、できないかではなく、「仕事にどう向き合っているか」

という姿勢は、周囲に伝わっているものです。

最終的に問われるのは、人としてのあり方。

そして、あり方を変えられるのは本人だけです。

人が成長するためには、自分勝手な自分に気づいて、ひとつずつ直していく、本人の努力が必要です。この点がいつまでたってもわからない人は、どんなに教育しても、続けてもらうことが難しくなるでしょう。

23

時代によって人の特徴も変わる

核家族化で、まわりの人の様子をみる習慣がない人が多い

ベテラン層の人ほど
「いまの人は気が利かない」
と感じることがあるかもしれません。

昨今の若手世代のなかには、ものを覚えたり、たくさんのことを同時に行うことが苦手な人が一定数います。

どんなに優秀な人でも、お客様を同時に二人までしか見ることができないでしょう。

これは、昔と違ってきょうだいや家族も少なく、まわりに人がいないため、自然と個人主義になってしまった影響かもしれません。

「周囲の様子を見渡して確認する」という習慣を持っていないのです。

「これをしている間に、それをして、あれをして…」

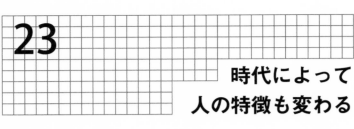

という並行作業も苦手なので、無理やりさせるとパニックに陥ってしまうことも…。

周囲の様子を見渡す能力は習慣で培われるものなので、すぐに身につけることは難しいものです。

ですから、あえて同時進行で仕事を進める指示は出さないようにしています。

特性を持った人の場合は、仕事を限定する

ごく稀に、本人には自覚がなくても、極端にものを覚えるのが苦手な人もいます。

そういった人の場合、周囲から

「あの人は、あまり気が利かない人だね」

「上達が遅いよね」

と、見られてしまっていることが多いかもしれません。

このタイプの人は、一定期間が過ぎてもカラーの調合が覚えられなかったり、

常連のお客様ごとの定番メニュー情報を覚えたりすることができないのです。

でも、薬剤は商品によって使い方がまったく異なる分、調合ひとつで、とてつもない間違いをしてしまうことになりかねないため、一般的には美容師を辞めてしまうことが多いでしょう。

人柄がよければ、居場所を見つけられる

指導が難しいスタッフの場合、物覚えが悪くても人柄がよければ、こちらで任せる仕事を工夫することで、会社に留まってもらうことができます。

わたしたちの会社でいえば、カラーが難しければカット、カットが難しいならシャンプーなど、退職をするか、限定した仕事をするか、できるだけ選択肢を用意して、選んでもらえる環境をつくることを心がけています。

もちろん、全員がうまくはまるわけではありません。

本人が自分の特性を自覚していないことも多いので、理解がある会社でないと、働き続けるのは難しいでしょう。

場合によっては、転職を繰り返すことにもなるかもしれません。

育成に時間がかかるタイプの人を受け入れるには、受け入れる側の理解と度量が不可欠です。

最近では、美容学校さんが採用で学生を紹介してくださる際に「ビューティアトリエさんなら、この子もなんとか対応できるんじゃないか」と、推薦されることも増えてきました。

「人を育てる会社」という認知が広がってきて、ありがたいことだと感じています。


人の問題は、職場で関わる多くの人に負担がかかることでもあるので、どこまで受け入れＯＫにするか、自社の方針を決めたほうがいいでしょう。

24 チームワークを強化するために、プロジェクトやレクリエーションを企画する

接触頻度を上げることで絆は深くなる

チーム力をつけるには、まず、メンバーとオンラインで話したり、実際に会ったり…と、接触回数を多くすることです。

チームワークが必要だということを理解してもらうために、わたしたちは、チームの皆で取り組むプロジェクトや、レクリエーションなどを定期的に企画するようにしています。

「ひとりの力とチームの力は違う」

ということを体感できるので、これはとても効果的です。

仕事の評価をするときも、個人の成果への評価だけでなく、チームであげた成果を評価する機会も設けるようにしています。

そうすると、必然的にチームでがんばろうという空気になっていくのです。

過去を自己開示すると、人との距離が縮まりやすくなる

十数年ほど前に、社内が人間関係の問題でギスギスしてしまったことがありました。当時は、面接や面談時に、陰口が多くて嫌だという声がよくあがっていたのです。そこで、

「わたしはこんな人生を歩んできました」

とそれぞれの過去を自己開示する場を持ったところ、スタッフの愚痴が激減し、とてもいい効果がありました。過去の話をしてもらうことで、

「この人はツンツンして見えるけれど、じつはいい人なんだ」

「その話、共感できるかも」

と、各々の人間性がわかり、徐々にチームワークが育まれていったのです。

仕事のプロジェクトだけでなく、あえてお互いを知るためのレクリエーションの機会を持つことで、信頼関係が生まれ、チーム力は高まっていきます。

ぜひ、定期的に取り入れてみてください。

25 まわりとうまく協力し合えば、仕事と家庭を両立できる

制約をかけさせない

「女性は家庭を選ぶと仕事ができない」

「仕事を選ぶと家庭がうまくいかない」

このように、何かをあきらめなければいけないと思っている女性は、いまだに大勢います。


わたしも、結婚していて子どもが二人いると言うと、驚かれることがあります。


「仕事をバリバリしていると家庭が壊れてしまう」

というイメージが根強くあるからか、わたしのような働き方をしている人は、未婚、もしくは離婚していると思われがちなのでしょう。


もちろん、結婚は必須ではありません。

わたし自身、もともと結婚する気がないタイプだったので、以前は

「結婚は人生の墓場。仕事か家庭のどちらかを選ばなければいけない」と思い込んでいたタイプでした。それが、いつのまにか、結婚して子どもを産もうという心境の変化があり、

「仕事も家庭も欲張っていいんだ」

と思えるようになっていったのです。

そして、実際に出産して育児に取り組んでからのほうが、周囲から
「人としての包容力が増した」
と言われるようになりました。
出産や育児の経験を、人間的な成長、仕事面での成長に活かすことができれば、本人にとっても会社にとってもプラスになりますよね。

もうひとつ、仕事と家庭を両立させることのよさは、仕事をすることで、「ありがとう」と言ってもらえる機会を持ち続けられることです。

家のことをしていても、なかなかお礼を言ってもらえず、ストレスが溜まってしまう人もいますが、仕事でその不満を解消できたりもします。

できることとお願いすることを区別する

とくに女性が経営に携わるとなると、妻・母・経営者という、いくつものわらじを履く必要があります。

その際のコツは、すべて自分でやろうとは思わないこと。家族にも家のことを担ってもらったり、多少コストがかかっても、外部の人にお金を払って助けてもらったりしたほうがいいでしょう。


すべてを完璧にこなすのは不可能です。

「子育ては全部自分でやらなくてはいけない」

「そうしないとまわりから責められる」

という思い込みは、なくしてしまいましょう。

社内の女性スタッフたちにも、そのように伝えています。

仕事も家庭も、男女の違いを生かし合ったほうがうまくいく

家事は協力し合ったほうがいいといっても、夫婦で均等に50％ずつ分担することは、難しいかもしれません。

会社にも、パソコンが得意な人、苦手な人、話が上手な人、苦手な人がいるように、すべての人が同じようにできるものばかりではないのです。

お互いに得意なことを生かしながら、二人で一人前というスタンスで協力し合う家庭がうまくいっているように思います。

苦手なことはお願いして、得意なことでフォローする。そしてお互いに助け合うことで、安心安全の場がつくられるのです。

これは家庭でも会社でも同じこと。家庭での経験が仕事にも生きてきます。

まわりと協力しながら、仕事も家庭も両立していく流れを、会社としても当たり前の風土にしていきたいものですね。

26

スタッフの健康にも意識を向ける

スタッフが元気に働ける環境を整える

お客様に直接対峙しているのは、現場にいるスタッフです。

ですから、スタッフ一人ひとりが
「仕事が楽しい」

「ビューティアトリエで働けてよかった」

「もっと仕事をがんばろう」

と思って成長しない限り、お客様を心から満足させることはできません。

だからこそ、人を育てることはとても大切なのです。


お客様に喜んでいただく接客・接遇については、現場に任せています。

その代わり、スタッフが元気に働けるようにすることが、社長の仕事です。

ビューティアトリエでは、積極的に、スタッフが元気に働くためのしくみやイベントを企画するようにしています。

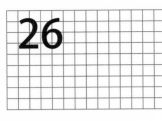

スタッフの食生活にも目を向ける

もし浮かない顔をしている人や、だんだん痩せてきた人がいたら、
「最近眠れているかな？」
「ちゃんとごはんは食べられている？」
と、リーダーやトップが声をかける習慣もつけたいものです。

しっかり睡眠をとっていないと、朝不機嫌な状態で出社したり、仕事で失敗して、怒られて、うまくいかない…という悪循環に陥ってしまいます。

こういった動きが目立つスタッフがいるとき、わたしたちは思いきって1週間休んでもらうようにしています。休んだほうがいいと判断した日から、本人にも確認をとって、有給休暇をとってもらうのです。

会社でスタッフの健康管理をすることは、とても重要なことです。

同様に、スタッフがしっかりと食事をとれているかどうかも注視していま

す。お菓子や菓子パンでごはんをすませていては、食事の意味がありません。
以前は、忙しいときはバックヤードで差し入れの甘いお菓子を食べて、お腹を満たすようなことがよくありました。

でも、空腹時に砂糖ばかりとっていると身体に悪いので、せめて炭水化物をとってほしいと思い、ビューティアトリエではお米を導入しました。バックヤードに炊飯器を買って、お米代はすべて会社で負担し、食べ放題にしています。子どものようですが、いつもスタッフには
「お菓子はご飯を食べてから」
と指導もしています。

健康のために体験型の企画をつくる

健康のためには、日光に当たる機会を持つことも重要です。
そのために、社内では農業体験や運動会の企画などもしています。
人を育てる教育には、「知識（技術）」と「体験」のどちらも不可欠。

人は知識を得ても、体験しなければ成長しません。

だからこそ、実際に身体を動かして、いろいろなことを学べる機会を設けています。

とくに若手には、野菜嫌いの人がとても多いのですが、農業体験で半日農作業をしたあと、野菜のまかないをいただくと、皆「おいしい！」と言って野菜を食べられるようになります。

体験を通して、食に対する変化が生まれるのです。社内で食の改善を試みてから、おかげさまで、心の病を抱える人が本当に少なくなりました。

そのほか、関連会社のカフェで先輩たちがご飯をつくって、スタッフの誕生日に振る舞うこともあります。

このように、皆で楽しみながらスタッフの健康管理へ取り組み、とてもいい効果が出てきました。

一見仕事とは関係のないことですが、じつは会社の成長にとても必要なことではないかと、日々実感しています。

27 独立・転職もオープンに話して、お互いに気持ちよく進める

なんでも言い合える環境をつくる

本音を言うと、転職はあまり勧めたくはありませんが、もちろん100%防ぐこともできません。

退職や独立していくことを、わたしたちは「卒業」と呼んでいます。

このときにとても大切なのは、辞め方です。

退職するときは、よりよい未来を描きたいものですよね。

だからこそ、いいスタートを切れるように、きれいな辞め方をしたほうが、本人の人生にとってもよくなるはずです。

退職することは言いづらいものですが、会社としても、マネジメント層にとっても、ずっといてくれると思っていた人に突然辞められるほうが、心が痛みます。

だからこそ、

「将来こうしたいんですよね」

と話してもらって、

「じゃあ、ここまではがんばってね」

とお互いに手を組めたほうがいいと思いませんか？

人の入れ替わりは、会社の新陳代謝にも必要なこと

人が辞めていくことは、悪いことばかりではありません。

もちろん、長く続けてくれる人が多いほうがいいのですが、ずっと同じメンバーばかりのままでは、会社の新陳代謝が悪くなってしまいます。

何かを手放せば、別の新しいものが入ってくるのと同じように、人が去ることによって、新しい何かが生まれるもの。

ですから、会社側も、できるだけ快く送り出せるのが望ましいですね。

そのためには、独立や転職について、日頃から相談し合える関係性づくりを心がけることが大切です。

28

「家族」として、スタッフの人生を応援する

会社のメンバーも「家族」の一員

ビューティアトリエでは、社内でも「家族」をテーマにしています。

「家族」だからといって、ずっと一緒にいるわけではありません。

当然、離れることもあります。

一般的な家庭でも、子どもが仕事をするようになると、全員がずっと同じ家で過ごし続けたりはしませんよね。

家から巣立つ人もいますし、そのまま家族と住む人もいます。

家族と住む人たちも、それぞれ大人になると、自分の仕事や自分の家庭をつくって守っていくものです。

ビューティアトリエでは、社内のスタッフにも、このような「家族」のイメージをしてもらっています。

メンバーを「家族」ととらえると、関わり方が変わる

「家族」のイメージを持ちながら、幹部たちには、何がしたいか、何が得意なのかを見つけ、それらを新事業にしていってほしいと考えています。

他人同士だととらえると
「これくらいでいいかな」
と流してしまいそうなところでも、家族だと思えば
「どうすれば皆がしあわせになるか」
「これで十分だろうか」
「もっとこうしたほうがいいのではないか」
と真剣に頭を悩ませるのではないでしょうか。

美容師の仕事がとても好きな人であればずっと続けていけばいいですし、「いままでは生活を支えるために美容師をしてきたけれど、一生続けるのは

難しいかもしれない…」

という人は、その経験をプラスにしつつ、これからの人生でやりたいことを考えていけばいい。

できるだけ、個々が実現したいことを叶えられるよう、皆で推進していけたら、組織はとても活性化すると思うのです。

もちろんすべてが発展するかどうかは難しい面もありますが、お互いを想いながら新しいアイデアが飛び交う環境であれば、どんどんいいものが生まれる流れをつくることができます。

何より、応援し合える場には、いいエネルギーが循環しますよね。

わたしたち自身も、会社がこれからさらにどんな成長を遂げていくか、とても楽しみです。

3

未来を描く

29 決断のタイミングは常に先手を心がける

何事も半歩先まで判断し決断する

会社の見直しは、危機を迎えるより前にはじめられるのが理想的です。たとえば、コロナのような不測の事態に陥ったとき、すぐに半歩先のことまで見据えて判断できると、他社と大きな差が生まれます。

守るものがたくさんある経営者ほど、思いきった判断をすることや、決断する時期が遅くなってしまうものです。2020年、突然コロナが猛威をふるったとき、わたしたちも、簡単に休業を決断することはできませんでした。休むことでお客様におかけするご迷惑、スタッフやお店の経営への影響をいろいろな方向から考えることになったのですが、同じように早急な決断ができなかった経営者は多かったのではないでしょうか。

ただ、経営に携わっていると、かならず「絶対にここで決めなければいけない」

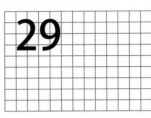

という場面に直面するものです。わたしの場合、重要な決断を下すタイミングは経験による「勘」が頼りですが、できるだけ早めを心がけています。

早めに動くことで、できる限り影響を抑えていく

２０２０年のコロナ禍では、

・日本で流行しはじめた2月には、「もしお店を休業したら…」という想定をして税理士さんに相談をスタート

・営業を続ける場合のために、3月にはマスクや漢方薬などの手配を完了

弊社は店舗数が多いので、スタッフと家族分までマスクの数を確保するために、早急に動く必要がありました。

このような判断ができたのも、過去に伝染病が蔓延した際に苦労した経験があったからです。その経験が、今回のことにもつながり、とても柔軟に営業を継続させることができました。

大きな打撃を受けることなく現在も運営ができているのは、半歩先を見据えて判断できたからなのです。

30

理想を追求し続けることは、長期的に見るとプラスになる

理念と理想を追求し続けることが、ブランド力になる

昨今では、理想経営という考え方が理解されるようになってきましたが、
少し前までは
「理想と現実は違う」
「きれいごとを言っていても、売上が上がらなければしょうがない」
とよく言われていました。
ところが、経営に取り組み続けていると、改めて、理想を追求し続けることはブランドの差別化には欠かせないことだと実感しています。

ですから、

「それができたら理想だけれど、売上に直結しないから必要ない」

と、他社がやめてしまったことでも、弊社では大切に続けている取り組みがたくさんあります。

15年間続けているゲストカードの効果

たとえばゲストカード。お客様のシャンプーが終わって席に戻ったときに、
「〇〇様へ、本日はありがとうございます」
という手書きのゲストカードを、いつも用意しています。

以前、美容業界でおもてなしブームがあったときには、たくさんの美容室で同じ試みがなされていたのですが、このおもてなしは、決してすぐに売上につながるわけではありません。その後、周囲の美容室は続々とストップしてしまいました。

わたしたちは、15年間変わらず、現在もこの取り組みを続けています。

おかげさまで、お客様と長く信頼関係を築くきっかけになっており、長期的にリピートしてくださる方が数多くいます。

理想を追求し続けることは、その場ではすぐに売上に直結しなくても、長期的には大きなプラスになっているものなのです。

31 代替わり時には、先代の想いも継承する

後継者は、先代がつくったものの上で働かせてもらっている

25年ほど前、先代だったわたしの母が、検査入院のために休養することになりました。

「1日でも休んだら、会社が潰れてしまう」

という不安を持っていた母にとって、休むことは非常に勇気がいることだったので、

「もしどんなに悪くなっても、わたしがいる1店舗はかならず残します」

と、ようやく説得して休んでもらいました。

このとき、会社を預かるなら責任を持ってがんばろうと、各店にオープン当時の店の写真と理念を額に入れて、バックヤードに飾りました。

先代はそれを見て

「この子に会社を任せようかな」

と代替わりを考えはじめたと、あとから聞きました。

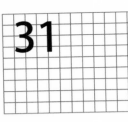

「わたしもスタッフも、先代がつくった土台のうえで働かせてもらっている」という気持ちが伝わったからこそ、継承することを見据えてくれたような気がしています。

先代の想いに寄り添う経営を心がける

もちろん会社を渡したあとも、母には葛藤があったでしょう。悪いところが目につきやすくなり、不安を感じると口を出したり、動きたくなったりするのが先代の性分でした。

ですから、せめて不安にさせないように、コロナ禍のときもしっかり報告するように意識していました。

後継者という立場で会社を引き継いだ人のなかには、新しいお店を持ちたいと考える人も多いのですが、わたしは、まずは、既存のお店を大切に育むことが大切だと思います。わたし自身も日々取り組んでいるところですが、少しでも先代の想いに寄り添える形を考えていきたいものです。

32 事業の拡大は縁。譲れない軸を定め、流れに乗って進める

大切な軸からは逸れない決断をする

事業を拡大するときには、やわらかい頭で考えるように心がけています。物事の移りゆくスピードが速い時代ですから、新しいビジネスは、すでにあるものをつくっても意味がありません。

いままでと同じものではワクワクもしませんし、チャレンジもできなくなってしまいます。固定概念にとらわれて同じ美容室をつくるよりも、少しでも新しい試みを取り入れていくほうが時代に合っていくでしょう。

そのときに重視しているのは、お客様や世の中のニーズです。

わたしたちは、自分たちの未来を考えて、店舗を広げ、新事業に着手しています。

ビューティアトリエの未来像は、「ライフスタイルビューティコンサルタント」になること。これが、新規のお店を出すときの指針となっています。

扱っているものは多岐に渡っていますが、何かに着手する際には、「これなら、ライフスタイルビューティコンサルタントとして成り立つ」という大きな枠から外れないように進めています。

うまく進まないときには無理をしない

新規事業は、予定通りに進まないこともあります。

そんなときには、少し方向が違うのだと受けとめて、途中でストップすることにしています。

たとえば、飲食業界などへのお誘いやチャンスはいままでにも何度もありました。

ブライダルの企画もあがったことがありましたが、思うように進まなかったので、すべてやめる判断をしてきました。

結果的にも、いまではそれでよかったと感じています。

また、物件は「縁」です。

探しても、探しても見つからないときもあります。

そんなときは、タイミングが違うのかもしれません。

時間をおいて探すと、いい物件が見つかることもあるでしょう。

ベトナムのお店は、うまく縁に運ばれてできた

話が進むときは、驚くほどスムーズに事が運ぶものです。

たとえば、ベトナム店を出店したときには、

「ベトナムにお店を出したい」

ということを口にしはじめたことで、

「会社をつくりませんか？　物件を見ますか？」

と、次々に声をかけていただくことができました。


海外出店は時間がかかって大変だろうと予想していましたが、結果的に、構想から1年ほどで会社を設立し、オープンすることができたのです。

このとき日本法人を設立したのですが、ベトナムは日本としくみが違い、設立にとても時間を要しました。一例をあげると、会社が設立されてから、美容室やシャンプーの販売用のライセンスが取れるようになるのです。

たまたまダナンは早いほうだったのですが、ホーチミンでは販売のライセンスがなかなか取れないといわれており、8年、9年たってもまだ取得できない会社もあるそうです。

それでも申請中には会社の住所が必要なので、家賃が発生し、コストはどんどん加算されていきます。わたしたちは、奇跡的に進められましたが、新規事業は無理に進めないことが大切なのだと、改めて実感する出来事でした。

事業の拡大も、物件探しも、「縁」がなければ進みません。

そして、「縁」は人が運んできてくれるものです。

縁に感謝しながら、大切にしたい軸だけはぶらすことなく、流れに沿って進めたいものですね。

33 規模拡大は、人財育成と同じスピードで進めるとうまくいく

新店舗を出すのは人を育ててから

既存の事業を拡大するときには、先述した指針となる軸を大切にするほかに、長期計画や中期計画に沿わないことはしないようにするということも念頭に置きたいところです。

具体的には、「なりたい自分たち」「なりたい会社像」を持って、そこに近づけるために店舗を拡大していくというように、ゴールから考えていきます。

また、新店舗を出店するときには、そのための人が育っていないと、失敗することもあります。

前項で触れたベトナム店の場合は、直営店からスタッフが赴いていったので、うまく進めることができましたが、新しいお店を寄せ集めのスタッフでつくるのは、とても危険なことです。

新店舗はビジョンが共有できる人に任せる

20年ほど前のことですが、長く本店があった場所の人通りが減り、裏通りのようになってしまったため、本店を表通りに移店させたことがありました。

そのタイミングで

「新しいタイプのお店にしよう」

と思い立ち、スタッフのほとんどを中途採用の人にした結果、見事に1年で崩壊してしまいました…。もう少し人が育っていて、既存店舗のメンバーが半数いたら成功していたでしょう。

どんな業界、どんな会社も、計画ありきで人を育てることになりやすいものですが、本来は、新店舗にこそ、会社のビジョンに共感し、同じ方向を向いている人が必要です。ですから、人財育成と会社を拡大するスピードは、同じであることが理想的なのです。

ここが揃っていれば、事業を拡大しても波に乗れるはずです。

34

新規事業は、スタッフの声に耳を傾けながら展開する

人生100年時代の企業には、柔軟性が求められていく

これからの100年時代、ひとつの事業だけでずっと生き残っていくことは、至難の業です。

わたしたちもさまざまな事業を展開しており、美容師でありながら、ケーキ屋さんのマネジメントやペット関連事業の運営にも関わっており、柔軟な経営の必要性を日々実感しています。

時代の波に乗るためにも、常にスタッフたちからやりたいことをヒアリングしており、それが、「アトリエのライフスタイルビューティ」という指標に合っていると判断できるものであれば一緒に進めるようにしています。

あるときには、ひとりのスタッフが「頭皮専門店を自分で立ち上げたい」という目標を持っていたことで、頭皮専門店が実現しました。

このスタッフは、もともと頭皮や髪のことを調べたり、覚えていくことが好きで、店長をしながら自分でコツコツ勉強し、毛髪療法士の資格を取得していたのです。

それまでは、わたしたちのどの店舗でもトリートメントはできるものの、頭皮や髪の毛に特化しているお店はありませんでした。

加えて、長いお付き合いのお客様から

「髪の毛に関する専門店はありませんか？」

と尋ねられていたことが気にかかっていたことも手伝って、このスタッフの個人の夢とつながったのです。

本人の要望と会社のニーズがマッチしたおかげで、

「あなたの髪はこうシャンプーするといいですよ」

「マッサージをして、ヒト幹細胞の薬剤を使うといいですよ」

といった具体的なアドバイスができる、頭皮専門店をオープンすることができました。

髪の毛が薄くなったり、トラブルになったりする前に、人間ドックのように半年に一度フラッと寄って頭皮健康チェックができるので、お客様からはとても好評です。

日頃からスタッフやお客様の要望に耳を傾ける

そのほかにも、身体にいい食材を使ったメニューを提供するカフェやまつ毛エクステサロンは、スタッフの希望で誕生しました。

新しい事業に携わるスタッフには、中途半端にならないよう、ハサミを置いてもらっています。

でも、美容師にとって、ハサミを置くというのは大きなこと。

よく考えてもらったうえで、新規事業を任せるようにしています。

わたしが考えたものや、お客様の意見からできた新事業もあります。

たとえば、ドッグサロンは、

「犬の美容室がほしい」

というお客様からの要望からはじまりました。

関わるメンバーの未来も見据えながら事業を考える

スタッフ個人の未来も考えながら新しい事業を進めていくことは、関わっているメンバー全員の、よりよい働き方、生き方にもつながっています。

それは、スタッフにとっても、会社にとっても、発展的な原動力になっていくでしょう。


時代はどんどん変わっていきます。

どのような会社にも、柔軟性が求められています。

大切な軸はぶれないままに、お客様のご要望や、スタッフたちのアイデアにも耳を傾け、これからの時代の流れに乗れるような新事業に着手していきたいですね。

35
いまいるスタッフをイメージしながら、新しいロールモデルをつくる

社内の人が当てはまるようなキャリアパスをつくる

キャリアパスをつくったことはあるでしょうか？

ビューティアトリエでは、キャリアパスを「なりたい未来がわかる未来図」と呼んでいます。

なぜなら、キャリアパスは、それぞれが目標とする職務内容や役職に到達するために必要な経験やスキルなどの道筋を示すものだからです。

ただ、書面で道筋をつくることは簡単ですが、誰にも当てはまらなければ、そのキャリアパスは成功しません。

つくるだけで終わらせず、社内で誰がそのポジションにふさわしいのかということも、一緒に考えるようにします。

そして、どうすれば実現できるかというところまで、常にイメージして進めているのです。

自分がロールモデルになって実践していく

先代の時代から、女性が子育てしながら仕事をするのは当たり前、という考え方を掲げてはいたのですが、昔はまだ、そのように働いている人があまりいませんでした。そのため、

「ビューティアトリエにいたら結婚できない」

と噂されてしまうことも…。

ですから、わたしが結婚して、子育てしながら働く姿を見せることができたのは、会社にとってもいいことだったのかもしれません。

いまは、「子育てしながら役職に就いている人」「退職前は店長だったけれど、復帰後パートで働いている人」というように、結婚後にもさまざまなロールモデルが増えてきています。

既存のスタッフを、無理のない形でうまくロールモデルにできるかどうかは、会社の発展につながっていきます。

36 女性も男性も、ライフステージの変化に合わせて働き方を変えていく

男性には、結婚を機にさらに上のポジションを目指してもらう

美容業界の話になりますが、収入が少ないことで、結婚した男性たちが家族のために転職せざるを得ないというケースを、これまでにたくさん見てきました。

たとえば、共働き家庭の場合。子どもができたら、1年間はどうしても奥さんが働けなくなるでしょう。産休でお給料をもらえるにしても、満額ではありません。

そうなると、いくら美容師の仕事が好きだとしても、

「お給料の高い、別の仕事をしてほしい」

と奥さんに言われて、やむなく男性のほうが転職することが多いのです。

ですから、とくに男性は、結婚後はさらに上のポジションを目指してがんばる必要性があります。店長やマネージャー、その先をもっと望んで、ひとつの部署を任されるようなポジションを目指してもらいたいところです。

子育て中でも、役職に就いて働くことはできる

わたしたちの会社では、毎日、朝から晩まで会社にいること=役職に就く条件ではありません。時代はどんどん変化していますから、「子育て中はフルタイムで仕事ができないため、役職には就けない」という思い込みのない社会に変えていきたいところです。

たとえば、社員の教育を担う部署にいる場合、365日のうち10日しか働かなくても、人が育っていれば責務は果たしていることになります。

この日数は極端な話ですが、役割さえ全うしていれば、朝から晩まで会社にいる必要はないのではないでしょうか?

勤務中に自分の仕事をしっかり行えるのなら、夕方に早く帰っても、日曜日に休んでもかまいません。

そうはいっても、役職者というのは何か大変なことが起こったときには、

時間を問わず出てこなければいけないときがあります。

そのときには、

「子どもがいるのでできません」

「わたしは早く帰りますので」

と避けるのではなく、役職者としての責任を果たしてもらうようお願いしています。

育児中の働き方は、会社全体の助け合いで成り立っていることを忘れない

育児中のスタッフの勤務時間は、正社員の勤務時間の7割程度です。

わたしたちは、出産後も働くことを推奨していますが、ただただ当たり前のことではありません。

自分が早く帰りたいときに、それを助けてくれる人がいるから成り立つのだということを、スタッフには産休前に知っておいてもらいましょう。

他メンバーに助けてもらう立場の人たちには、

「早く帰ることができて、好きなときだけ働けるのは、いまいる仲間がいるおかげだよ」

という話をするように意識しています。

もし、ひとりで出店していたら、自分が休むときにはお店を閉めるしかありません。ですから、自分が休んでいるときにお店を守ってくれている人たちに対して感謝することを、忘れてはいけないのです。

とくに役職に就いている人の場合には、

「権利があるから帰ります（休みます）」

とならないように、勤務時間中は、自分にできることをしっかりとやってもらっています。

ライフステージに合わせて働き方を柔軟に変えていくことは、ひとりではできません。どんなケースのときでも、スタッフ同士が助け合うことで、ライフステージに合わせた働き方が成り立っていくのです。

37 理念を盛り込んだ経営方針書をつくることで、会社は長期的に伸びていく

経営方針書は「人」と「サービス」の質を上げる「魔法の書」

理念を大切にすることで、会社は変わります。

そのきっかけとして、いつも立ち戻る指標となる経営方針書をつくることがおすすめです。この点については、5章で詳しく解説します。

経営方針書は、作成したからといって、すぐに売上が上がるわけではありません。ただまとめただけで終わってしまっている会社も多いのですが、それではあまり意味がないでしょう。

経営方針書は、理想を現実化できるくらいまで、しっかりスタッフに内容を落とし込む必要があるのです。

わたしたち自身、経営方針書づくりに取り組んでから、人やサービスの質が上がっていることを実感しています。

それでも、すぐに売上がともなっていたわけではなかったので、ここまでくるまでに、やめたほうがいいのかと悩んだ時期もありました。

スタッフ皆がいつでも立ち戻る原点を持っておく

「お客様の髪をハサミでカットする」

という行為は、世界中のどの美容室でも同じです。

お客様が満足してくださっていれば、技術の善し悪しも大きな差ではありません。

そんななかで、美容業界内に自分たちのよさを独自につくっていくためには、良質な「人」と「サービス」を提供することが不可欠になってきます。

この「人」と「サービス」を高めていくために、経営方針書を活用し、その考え方を日々の業務に落とし込んでいるのです。

いまでも理念と利益とのせめぎ合いや葛藤はありますが、いつでも立ち戻る原点があることで、安定した経営を保つことができるようになってきています。

38
人を信じ、大切にすることで会社は続いていく

騙されても、疑り深くなりすぎない

「騙された経験がある」

という話は、男性経営者からよく耳にします。

そういった経験があると、どうしても疑り深く、警戒心も強くなってしまうかもしれません。


ただ、あまりにも人を疑ってしまうと、会社は大きく広がっていきません。

騙されたことも忘れてしまうくらいのスタンスでいたほうが、会社の成長にはいいでしょう。

いま、傷ついた気持ちがあったとしても、いつか人生を振り返ったときには、きっと
「これも必要な経験だったんだな」
と思えるはずです。

わたし自身は、人を疑っても仕方がないと思うタイプなのですが、わたしの母や祖母は猜疑心が強いタイプでした。小さな頃から、

「他所で家の話をしてはいけない」

と言われてきたので、わたしは、子どもが当たり前に感じるような家のなかでの不満も、まわりに相談できませんでした。

それが高校生になって、はじめて友人に家のことを話す機会があり、心がスッと軽くなったのです。このとき、信頼できる人と話せるのは、とても大事なことなのだと学びました。

振り返ってみると、もしかしたら騙されていたと思うこともあるのかもしれませんが、わたし自身はあまり傷つかずに済んでいます。そのためにも、まず自分から人を信じ、猜疑心を持たないようにしたいものです。

会社の根本は人。やはり、人を信じ、大切にすることこそが、会社が存続していくために、もっとも重要なことではないかと思うのです。

39

バトンをつないで、会社を発展させる

後進の育成をしない会社は潰れていく

少し前のことですが、一世を風靡した有名ヘアサロンが閉店してしまいました。

原因のひとつは、人がどんどん独立してしまったこと。

美容業界に限らず、後継者を育めているかは、会社が存続するのかどうかの大きな鍵になります。

バトンの受け渡しに取り組まない会社は、いつか潰れてしまいます。

どんな人でも、最初は先輩から教わり、バトンを渡してもらって、働かせてもらっているもの。

ぜひ、後進にバトンを渡す体制を、社内の当たり前の風土として、築いていきたいところです。

もし将来独立したいと考えている場合でも、もともといた会社で後輩にバトンの受け渡しをしてこなかった人は、独立したあとで苦労することになるでしょう。

いいことも、そうでないことも、したことが返ってきて連鎖するものです。

バトンをつなぎ、人とつながることで会社は続く

いま美容業界で新しく伸びてきている会社は、共同経営の形態をとっているというところが増えてきました。

30代前後の人が3～4人くらいで集まって、教育・宣伝・経営などを分担して経営するというスタイルです。

一人ひとりのスキルが高いので、会社全体のスキルも高まり、とてもうまくいっているようです。

昔は、共同経営をすると、仲違いをしてしまうケースが少なくなかったのですが、こうしてうまく続けられているのは新しい世代の特徴ともいえます。

また、若い人の気持ちをとらえた、新しいサービスを行っているヘアサロ

ンも伸びています。

価格を抑えて、何度も来店してもらえるように工夫したり、ビフォーアフターの写真を本人に撮ってもらうことで、お客様の満足度を上げていたりするのです。

ただ、時代が大きく変わってきていても、お店の継続と発展のために大切なことは同じです。

長期的に会社を存続・発展させていきたいなら、根底には、後進を育成するという姿勢が不可欠。

日頃から、「バトンをつなぐこと」と「人とのつながり」を意識した経営を心がけたいものですね。

4

右腕が企業を支える

40 社長の右腕として、人財育成を推進する

飯塚悦子（部長・勤続19年）

右腕として恥ずかしくない仕事をしたい

代表の右腕の立場として、会社全体を見渡しながら、日々人財育成の役割を担っています。

以前は、最終的な判断を代表に委ねることが多かったのですが、会社の規模が大きくなり、複数の事業を展開していくなかで、代表の手を煩わせないよう、

「ここまでは自分で判断しなければいけないな」

「経営方針書にはどう書いてあるか」

と見極める機会がどんどん増えてきました。

代表自身はあまり悩む姿を見せませんが、やはり人間ですから、大きな決断をするときには、わたしたちには想像し得ないこともあると思います。

その肩の荷を少しでも軽くできるように、できることはないかと常に考えています。

わたしは中途採用組で、代表と過ごしてきた時間がほかの先輩に比べて短いので、最初は自分が右腕の立場を担うとは思っていませんでした。

ところが、取締役や部長の立場をいただいた頃から、外部の方たちからは右腕だと見られているのだということをようやく自覚しはじめたところです。

現在は、

「胸を張って『右腕です』と言えるようになろう。わたしが右腕と見られても、社長が恥ずかしくない仕事をしよう」

と思いながら日々の業務に取り組んでいます。

多店舗をまとめるために現場の声を聞く

本部の事務方として、複数の店舗をサポートする際に心がけているのは、中間で管理してくれている人たちの個性を見極めていくことです。

個々の店舗やマネージャーによって、何を必要とされるかは異なります。

求められるサポートに細やかに対応しながら、そのうえで、皆に同じことが同じように伝わるように意識しています。

たとえば、次世代リーダーの勉強会の場ではスタッフの声を聞くようにしているのですが、現場スタッフから直接耳にする話と、店舗のリーダーから聞く話にギャップがある場合は、

「こんなことに困っているみたいだよ。こうしてあげたほうがいいかもね」

とフィードバックをして、ギャップが埋まるよう心がけています。

男性がリーダーの店舗の場合は、どうしても気づきづらい部分もあるので、女性スタッフの働き方や、スタッフの声を伝えたりもしています。

話しやすい場づくりのために意識しているのは、上から目線で伝えるのではなく、まずこちらから自己開示することです。

「じつはわたし、最初は『家から近くていいな』と思って入社したの」

というように、自分の話や失敗談をミーティングの冒頭で話し、先に心を開くようにしています。

それぞれのやり方に任せて動いてもらう

もともと、わたしはあれこれ口を出したくなるタイプだったのですが、社内で作成している「経営方針書」（5章参照）という目指すゴールが明確にあれば、たどり着き方はそれぞれに任せていいのだと思えるようになってきました。

ですから、最近は、やり方に関して、各々に任せはじめたところです。

また、バックオフィス部門のメンバーについては、店舗でお客様に対峙するわけではないので、現金を稼げない立場でもあります。ですから、社内で「助かった。いてもらわないと困るね」

と言われるような立ち位置を築きたい思いがあります。

そのためにも、

「受け身ではなく自分のやり方、自分の考えで動いてみてほしい」

と伝えるようにしているのです。

もうひとつ意識しているのは、個々の好き・得意を重視することです。成果に目を向けると、その人の好きなことや得意なことが見えてきます。

「その人が一番好きなこと、得意なことはなんだろう?」

と日頃から考えておくことで、いざその案件がきたときに、

「これは、◯◯さんに任せたほうがいい」

とアンテナが立ちます。

そのときに浮かんだ人に仕事をお願いすることで、適材適所に仕事がまわるようになるのです。

育児休暇を宣言して入社、実際に3回取得することに

わたしは、結婚して宇都宮に移り住むタイミングで、ビューティアトリエなら正社員で働けるという理由で面接を受けました。じつはその面接時に、

「子どもは3人ほしいので、育児休暇を取らせてほしい」

と宣言していました。後日談ですが、代表からも、

「面接でこんなにはっきり意思表示するなんて、変わった人だなと思った」
と言われました。

入社当時は、産休育休制度はあったものの、産休に入った人は復帰せずにそのまま退職したり、パートとして働くほうが一般的でした。

ただ、わたしが入社して2年目くらいに代表が出産したことで、徐々に子どもを育てながら仕事をする女性スタッフが増えていったように思います。

わたしの場合、ひとり目の出産のときは、バックオフィスメンバーで時短勤務の人がいなかったので、

「保育園のお迎えがあるので、お先に失礼します」

とひとりだけ早く帰ったり、日曜日に休んだりするのはとても後ろめたく、申し訳ないという気持ちで仕事をしていました。

二人目、三人目になると、まわりにもかなり子育てしながら働く人が増えたので、わたしもだんだん割り切れるようになりました。

サポートがあって産休・育休が実現していることを忘れない

時短勤務で帰る人たちの心苦しさは、いまも変わらないのではないでしょうか。わたし自身も、実際に産休・育休、時短勤務を経験してから、「ひとりでは何もできない。皆がいてくれるから働けている」と思えるようになりました。

女性スタッフは、いずれ結婚して、子育てしながら働く可能性が高いわけですし、男性スタッフも、家庭を持つことで、早く帰宅したいときや、土日に休みたいときも出てくるでしょう。ですから、まだ結婚や出産を迎えていないメンバーも、それぞれの来たるべきタイミングのときに協力し合える環境をつくろうという気持ちでがんばってくれています。

こういった背景があるので、産休・育休に入るスタッフを送り出す際は「時短勤務を経験していない人にはわからない苦労は絶対にあるけれど、支えてくれている人たちがいるから成り立っている。だから感謝して、自分には何ができるだろうかと常に考えて、お互い気持ちよく働けるようにしよう」と、かならず伝えるようにしています。

自身も、次の世代を牽引する存在になることを目指して

代表は先代と同じように、定期的にスタッフに手料理を持参します。先代への敬意のあらわれでもあるなと感じます。

昔から何でも言い合える会社の社風は変わりませんが、先代は「これがいい」という答えを出してくれる存在。代表は、一緒に考えよう、まずやってみようと背中を押してくれる、お姉さんのような存在です。

二人の背中を見ながら、今後わたし自身が力を入れたいのは、一緒に走ってくれる仲間を増やしていくことです。

ワクワクしながら働ける会社、業界にしていくためにも、皆と手を取り合いながら、次の世代を引っ張っていきたいと考えています。

41 新規事業、イキイキと働く仲間を増やしていきたい
小野麻子（en doorsマネージャー・勤続29年）

「先代の娘」という偏見も、代長の愛情に触れて変わった

まだ子どもの状態だった学生時代を終えてすぐに、ビューティアトリエで働いてきて、気づけば29年を迎えます。

わたしは元来ジェットコースターのような性格で、好きか嫌いか、するかしないか、白黒はっきりしたところがあります。


先代の時代から在籍していたわたしにとって先代は絶対的な存在でした。そのため、代表がビューティアトリエに入社した当初は、なんと直接
「大嫌いです」

と言ってしまったことも…。ただ、それは自分の思い込みが原因でした。

「どうせ千鶴先生（先代）の娘だから」

と、ひねくれてとらえてしまっていたのです。


わたしたちの世代は、先代からも代表からも、直接技術指導をしてもらっ

たり、騒ぎを起こせば自宅に駆けつけてもらったり…ということが多々あった、ありがたい新人時代を過ごしてきました。

そういった環境のなかで、代表と少しずつ関わるようになるにつれ、自分たちのことをどれだけ考えてくれているのかがわかり、最初に抱いていた偏見の気持ちが大きく変わっていったのを覚えています。

代表から受けた恩恵を会社や後輩に返していきたい

いまでも忘れられないエピソードがあります。

仕事に思い詰めていたわたしが、あるとき
「もう辞めたい」

と打ち明けたことがありました。

すると、代表がわたしの同期たちと一緒にわが家を訪れ、皆でカップラーメンを食べながら、いつまでも話を聞いてくれたのです。

とても愛情を感じた出来事でした。

また、かなり前のことになりますが、ある会議で、代表が

「こんなにしらけた場所にいたくない！」

と言って出て行ってしまったことがありました。

そのとき、わたしは何も考えずに自宅まで追いかけていき、一緒に食パンとサラダを食べながら、今度は代表の気持ちを聞くことになりました。

話を聞いているうちに、代表の本心や、代表自身もひとりの人間だったのだということがよくわかり、

「社長も同じ人間なんだ。こういうことで悩んだり、勉強したりしているんだ。ここで返していきたい、自分もがんばろう」

と強く思うようになりました。これは決して

「お世話になったから返さなければ…」

と、義務に感じているわけではありません。

自分がしてもらってきたように、わたし自身も後輩たちに力を貸せる存在になりたいな、という思いで、日々スタッフと向き合っています。

代替わりしても、人を大切にしているところは変わらない

先代の時代から、ビューティアトリエグループは、人に愛情をかけ、人をとても大切にしている会社でした。

この点は、いまもずっと変わらず続いている部分です。

代表の時代になってからは、「こうでなければいけない」という枠を外し、それぞれの得意を生かして活躍できる場が増えてきました。

スタッフが長く働き続けられる環境を考える土壌が常にあるので、アイデアや意見を出したときも否定されることはなく、いったん受け入れてもらえます。それによって、スタッフがイキイキ、キラキラしているのが、とても印象的です。

郡司が代表になるというその月、

「日頃からここまでお世話になっている成江先生に、『社表になってよかった！』と思ってもらいたいよね」

「今月の売上目標を絶対に達成しよう！」

と、お店全体で取り組みました。代表に喜んでいただきたいという思いで、自然にスタッフがまとまっていったのです。

「目標達成にはちょっと難しいかも…」

という状況で最終日を迎えたのですが、スタッフ全員が力を合わせて、なんとか目標を達成できたという経験は、いまでも忘れられない思い出になっています。

新規事業のおかげで、お客様とのつながりが深くなっている

とくに近年は、ヘアサロンのほか、ヘッドスパやボディメンテナンス、レンタルスペースにコワーキングスペースやショップなど、さまざまな環境が整ったことにより、お客様との会話が増えました。

たとえば、髪の毛をお手入れしているときに、

「私生活でこういうことをやっているんだよね」

と話していただいたり、頼りにされたりすることが多くなっています。「プレゼントを用意する必要があるのだけれど、ここで揃えちゃおうかな」と相談を受けたときにも、それにお応えできると、お客様の役に立てた喜びが感じられ、スタッフも楽しそうです。

お客様とのつながりがどんどん深くなっていることを、日々感じます。

一方、今後の課題としては、美容師からライフスタイルビューティコンサルタントとして、もっともっと引き出しを増やすことです。

わたしがマネージャーを担当している店舗では、コワーキングスペースやレンタルショップ、サロンなど、さまざまなブースを展開しているので、関わる人々もさまざまです。

スタッフ、エステティシャン、レンタルショップのアクセサリー作家さん、商品の卸し担当者さんなど、お店に関わる全員がイキイキと輝いていける応援ができるように、試行錯誤しながら日々取り組んでいるところです。

すべてをひとりで抱えないことが、チームワークにつながっている

毎日を過ごしていると、次から次へと新しい取り組みがあるので、「えー！　間に合わない！」と焦ることもあります。とくに、産休明けに仕事をする際には、いま目の前にあることで精一杯という状況でした。

そんな日々を経て、現在はいろいろなことにチャレンジしているわけですが、新しく勉強したことを活かせる場所を用意してもらえることはとてもありがたいことです。これは、スタッフ一人ひとりや、お客様が喜ぶことを第一に考える風土があるからこそ。

その分、しっかりと成果につなげたいところです。

人財育成については、皆をまとめているというよりも、逆に助けてもらっているという感覚です。産休前までは、仕事をたくさん抱えていても、自分

でなんとかしてしまっていました。いま振り返ると、それによってまわりの人のチャンスを潰してしまっていたかもしれません。

でも、子どもが生まれたことで、ほかの人にサポートをお願いしなければいけなくなりました。すると、スタッフが自主的に動いてくれることが増えて、結果的にお店がまとまることにつながっていったのです。

店長になりたてのときは「店長はこうでなければ」と、できない自分を見せないようにもしていましたが、出産後は、「それはできない」「わからないからお願い」と言えるようになり、わたし自身もラクになりましたし、結果的にまわりの人が活躍できる場も生まれたように感じています。

ビューティアトリエは、とてもユニークでバラエティに富んだ会社です。そのよさを生かして、今後は、髪の毛のこと以外でも、身体のケアや洋服、アクセサリーなどを提供でき、さまざまな分野のプロたちが楽しく活躍できるような取り組みをしていく予定です。そのために、社内外問わず、素敵な仲間を増やしていくのがわたしの役割だと思っています。

42 先代と代表の愛情を土台に、皆でアトリエをつくっていく
鈴木純子（部長・勤続29年）

お姉さんから上司へ、どんどん強くなっていく代表に憧れてきた

17歳で入社し、現代表のアシスタントとして働いて、29年を迎えます。わたしは親元を離れるのが早かったのですが、先代や代表、仲間から惜しみない愛情を与えてもらってきました。

入社して間もない頃は、世間のことなど何もわからず、生活や身のまわりのことまで面倒をみてもらう日々でした。

代表の自宅で手づくりのご飯をごちそうになったりもして、上司というより、お姉さんのような存在だったように記憶しています。

郡司が代表に就任してからは、会社を変えていこうという強い意志が感じられ、

「わたしも一緒にがんばってやっていきたい」

と思うようになりました。そこからは、いままでのお姉さんのような存在

ではなく、まさに上司へと変わったのです。

近くで見てきた分だけ、いろいろな想いを抱えたうえで、代表になるという大変な決断をされたのだろうと感じたものです。以来、

「強い人だな。こういう人になりたいな」

と、背中をずっと追いかけてきました。

代表は、基本的には弱みをあまり見せない人なので、どうしたらいつも楽しそうにしていられるのか、ポジティブでいられるのか、憧れるとともに、不思議でもありました。

でもあるとき、気持ちを聞く機会があり、

「すべてにおいてやりたいことはやりたい。これをやっておけばよかったという後悔はしたくないからがんばれる」

という発言を耳にしたとき、そんな想いを経てどんどん強くなっていったのかと、とても納得がいきました。

時代に合わせて変化していても、人を大切にする想いは変わらない

わたしが入社した頃と現在とでは、美容師の技術も考え方もまるで変わってきています。

時代に呼応しながら経営していくには、どれだけ過去の風潮から脱して、時代に乗った新しいチャレンジをしていくかが重要だと感じています。

ビューティアトリエは年々進化しているので、時代の波に乗れるように、皆で奮闘しています。

ただ、どんなに時を経てもずっと変わらない部分は、先代も代表も「人」を大切にしているというところです。

これからも、まわりでいろいろなことは変化していくものの、この「芯」の部分だけはずっと変わらないはずですし、会社を支える立場のわたしたちも、意識し続けたいと思っています。

23歳で店長に。周囲に支えられてきた

アトリエdeco-r店がオープンするときに、店長打診のお話がありました。ちょうど、代表が、わたしたちの代をいち早く店長にしたいと考えてくれていた時期だったのです。

いまでこそ役職に就いている同期が多いのですが、当時はわたしがはじめてだったため、不安で仕方のない状況でした。でも、

「チャレンジしてみないとわからないじゃない」

と代表に背中を押され、ドキドキしながら店長に就任しました。

それからは、いくら背伸びをしても、自分にできることしかできないので、ただがむしゃらに働く日々。

「そんなに若い店長さんなの？」

とお客様から言われたこともありましたが、一生懸命やるしかありません。

何よりも、

「店長、店長」

と慕ってくれる仲間たちのおかげで店長にしてもらえたようなもの。

できないことはまわりに頼って、たくさんフォローしてもらいました。

おかげで、楽しく務めさせていただいたような気がします。


わたしが上に立つときにひとつだけ意識していたことは、

「ずっと笑っていたい、元気でいたい」

ということでした。

いまも、お店の雰囲気やスタッフを明るくしたいという思いは変わりません。

悩んだ経験、悔しい経験も、自分のプラスになっていく

わたし自身、これまでにたくさんの悩みを抱えてきましたし、話すことで救われたことも多々あったので、メンバーたちが悩みを話しやすい雰囲気にすることをいつも心がけています。

でも、相談してもらったのに、力が及ばずスタッフの退職が続いたときは、

何度も悔しい思いをしました。

「自分に力がないと、人の成長の手助けもできないのだな」

ということを思い知ったのですが、このとき悩んだことが、いろいろなことを勉強するきっかけになっています。


いろいろな場に学びに出向く機会ももらってきました。

そのほかに心がけていたのは、やはり経験を積むことです。

うまくいかないことが起こるたびに、泣いたり、悔しい気持ちをしっかりと感じることが大切なのかなと思っています。

できないことがあるたびに、

「なんて自分は弱いんだろう」

と思ってきました。ところが、あるとき、

「大変なことがあればあるほど、強くなれているんだ。自分のプラスになっているんだ」

と思えたあたりから、考え方をシフトできるようになった気がしています。

仕事と子育てを両立できることに感謝

ほかの管理職のメンバーもそうであるように、わたしも役職に就いた状態で出産と育児を経験しています。

時短勤務で勤めていた当時は、役職に就いているのに、早く帰ることへの罪悪感がありました。

会社に対しても、スタッフに対しても申し訳ないという気持ちがあったのはもちろんのこと、何より子どもを犠牲にしているのではないかという意識を、ずっと課題として抱えていました。

ところが、あるとき、

「『犠牲にしている』という考え方でいるのは、逆に子どもがかわいそうだな」

と気づいたのです。それ以来、

「自分が楽しく仕事をしている背中を見せることが、子どもにとっていいことになる。しあわせな悩みだととらえよう」

と思えるようになりました。

実際、子どもを授かって、仕事もできるというのはしあわせなことです。家族や会社の応援がなければできなかったことでもあるので、本当にありがたいことです。

若い世代にも、同じようにチャンスをつかんでもらいたい

わたしは何もない状態から、幾度となくチャンスをもらってきました。ですから、

「この人にどんなことをしたら、何かひとつでもつかんでもらえるだろうか」

ということを、いつも考えています。

なかなか全員にとはいかないので、難しさもありますが、

「個人個人に合わせて、どういう言葉だったらやる気になってもらえるか」

ということを、日頃から意識しています。

スタッフ一人ひとりが成長して、会社を盛り上げていきたい

先代は、わたしたちが好き放題にしていたところを、母親目線で見守ってくれていたという印象があります。

代表の代になってからは、そんなわたしたちを育てなければという思いから、厳しい言葉もたくさん投げかけてもらってきました。

在籍する期間が長くなり、改めて実感しているのは、先代からも代表からも愛情をたっぷり受けていることが、何でも話せるという会社の環境につながっているということです。

ただ、だからこそ、二人がつくりあげてきたものにいつまでもスタッフがぶら下がっているのではなく、各々がよさを伸ばして、会社を盛り上げていきたい。お客様とスタッフ全員でつくりあげていくアトリエにしたい——。

現在は、そんな思いを持って、日々仕事をさせていただいています。

5

経営方針を定める

43 スタッフの意識を統一する「魔法の書」

疑問や迷いを解決し、成功に導くツールをつくる

これまでにも触れたように、ビューティアトリエでは、20年前から経営方針書づくりをしています。

この経営方針書を、わたしたちは「魔法の書」と呼んでいます。

何かあったとき、トップも、リーダーも、スタッフも、経営方針書を確認することで、

「こんなとき、社長だったらどう思うだろう？」

「スタッフとして、こういうときにどう行動したらいいだろう？」

と、会社の目指す方向を確認することができます。

書かれている内容を身につけることで、会社のメンバー全員が成長することから、「魔法の書」と名づけました。

「魔法の書」はスタッフ全員で毎年新しく作成する

わたしたちは、経営方針書を、かならず毎年ブラッシュアップしています。まず、3月までにわたしが会社のテーマを考え、説明します。その説明をもとに、スタッフそれぞれが各店舗のテーマに沿って、店舗の現状を分析しながら、自分たちで戦術をつくるのです。

トップが共有して、スタッフが具体的にブラッシュアップする。

この流れを踏むことで、大切にしたい根本の意識がしっかり統一された状態で、新たな1年を迎えることができますし、会社のテーマと店舗、スタッフの目標がつながる分だけ、会社の一体感が増すのです。

44

「魔法の書」を共通言語にしている会社は繁栄する

「魔法の書」は経営者とスタッフの通訳にもなる

経営方針書をつくる目的は、スタッフとわたし、そして会社の共通言語をつくることです。

会社をまとめていく際に、わたしが一人ひとり個別に会社の方針や想いを話すのは不可能ですから、ほかのメンバーに伝えてもらうこともあります。

この場合、同じ言葉を使わなければ、だんだんと伝えたい本質の話からずれていってしまうのです。思い当たる経営者も多いのではないでしょうか。

長く繁栄している企業を見ていると、言葉や技術をはじめ、「共通して使っているもの」が脈々と受け継がれていました。

たとえば、「かわいい」という表現をひとつとってみても、わたしが思う「かわいい」と、スタッフの思う「かわいい」は違うでしょう。ですから、「わたしたちの会社にとって『かわいい』というのはこういうものだよ」

と文面にすることで、経営者と働く人たちが同じ方向を見ることができ、正しく伝えることができるようになるのです。

皆が同じ方向を向くと、会社はどんどん成長する

経営者とスタッフとの間には、通訳の存在が必要です。

先代の時代には、わたしのほうがスタッフたちと年齢が近いこともあり、わたしが通訳として、社長の意思を伝えていました。

現在は、わたし自身が代表になっているわけですが、経営者と現場のスタッフとのズレをなくし、皆が効率よく成長するためには、通訳者以外にも、何らかの意識を揃えるツールが必要であることを実感してきました。

この経験から、経営者とスタッフたちが同じ方向にベクトルを向けるための共通言語、通訳になる経営方針書をつくることにしたのです。

共通言語があると、現場も安定する

プライベートでは、それぞれの考え方があっていいと思うのですが、会社では皆が同じ方向を向いて仕事をするほうが、大きな力を発揮できるようになります。

そのため、店長には月に1回、朝のミーティングでマニュアルの読み込みをしてもらい、そのマニュアルをもとにスタッフの指導をしてもらっています。

店長が一個人として自分の言葉で話してしまうことで「社長が言っていることと、店長の言っていることが違う」と、部下たちが迷ってしまうことが過去にあったのです。

この現象を少しでも避けるためには、会社での共通言語が必要不可欠。

意識を統一することは、人数が多くなると非常に難しくなってくるのですが、会社が円滑にまわるとても重要なポイントとなります。

リーダーは経営方針書と同じ言葉を使う

ですから、リーダーがスタッフの悩みや相談を受けて話をするときには、経営方針書に書いてある言葉を使うように、お願いしています。

たとえば、相談したスタッフが

「リーダーの言っていることはわかるけれど、会社の言っていることと違う」

と感じてしまうと、そこに不信感が生まれてしまうからです。

わたし自身も、経営方針書に書いてある言葉と、自分が口頭で伝える内容が違ってしまうと、

「社長、経営方針書とまったく違うことを言っているよ…」

と、スタッフを不安にさせてしまうため、経営方針書に沿って話すように心がけています。

45

魔法の書には、理念・ミッション・ビジョンをしっかり盛り込む

考え方を社内統一していく

経営方針書に欠かせないのは、経営理念、ミッション、ビジョンです。

その次に大切だと思っているのは、会社の考えを盛り込むことです。

人が人生のなかで働いている時間は、およそ人生の3分の2ともいわれます。わたしは、会社のスタッフのプライベートまで拘束しよう、コントロールしようとは思ってはいません。

ただ、仕事をするうえでは、同じ考え方で同じ方向を向いていなければ、決していい結果が出ません。

ですから、仕事としての考え方は、全員である程度統一したほうがパワーを発揮できるのです。

そのためには、考え方を経営方針書に、しっかりと含めていきます。

誰が読んでもわかる言葉でまとめる

最近の試みとして、皆が同じ方向を向けるように、会社の考え方について、毎日ひとつずつ読めるような「アトリエスピリッツ」というものをつくってみました。

たとえば、仕事がうまくいかないと悩んだとき、「アトリエスピリッツ」のページを開くと、次のようなことが書いてあります。

・「仕事を楽しくする方法」
…イヤイヤやるより、自らやるほうが結果も2.5～2.6倍効果がある
・「仕事って何だろう?」
…仕事は自分を磨いて、命を使っていること。ワクワクしながら人間的に成長しながらするもの。自分の可能性を仕事のなかで実現できたり、見出せたりするもの

・「チームワーク・助け合い」
…ときには我慢も必要。相手を思いやる気持ちを持とう

このように、考え方やあり方を伝えています。

時代が変わっても、誰が読んでもわかるように、言葉にもこだわって作成しました。

スタッフの心がほぐれる言葉も盛り込む

このように、経営方針書は、ただ仕事の仕方についてのみ解説するのでなく、心の拠りどころとなるような内容にしています。

スタッフの心をケアすることも重要だからです。

「どうすればいいかという具体的な解説＋心がほぐれる言葉」を盛り込んでおくことで、もしクレームや問題が起こったときにも、

「わたしたちが大切にしなければいけないものは、『魔法の書』のあのペー

ジに書いてあったよね」

と、落ち着いて立ち戻ることができます。

1年先、5年、10年先の会社のイメージも共有する

わたしたちの経営方針書は、「美容師」としてだけでなく、「人」として成長するための教科書になるようにまとめています。

仕事の仕方も生き方も、根本では同じ。

人間力を高めることが、すべてにつながると考えているからです。

経営方針書には、会社やお店の1年間の方針についても触れているほか、5年先、10年先の会社のイメージについても明確にしています。

未来のイメージを共有しておくことで、スタッフは安心して働くことができるでしょう。

46

魔法の書は、スタッフ一人ひとりに浸透させる

内容は毎年ブラッシュアップさせていく

わたしが後継者として会社を切り盛りするようになってから、経営方針書は大きく変わりました。

形も中身も、年々ブラッシュアップさせています。

もともとあった大きな経営方針書から、ポケットサイズにして、薄くしてみたこともあります。

結果的に、現在は大きく厚い形のものに落ち着きました。

毎年内容を見直しながら、反省したり、襟を正す思いがしたり、自分たちの目指す未来が正しいのかどうかを、再確認しています。

期のはじめに新しい経営方針書を発表するわけですが、それまでには数ヵ月の時間をかけています。

中心になって関わるメンバーは、この時期に忙しくなるのですが、ブラッシュアップする時間を、とても大切にしているのです。

つくっただけで終わりにしない

経営方針書をつくること自体は、じつは簡単なことです。

たとえばどこかの会社の真似をしてみたり、いい文面だと思うものを盛り込んでいけばいいでしょう。


実際に、そういった方法で会社の指針を書面にしている会社はたくさんあります。ただ、企業や経営者向けに講演を行うたびに、せっかくつくった経営方針書を活用しきれていないという声を耳にします。


ビューティアトリエグループにも、もともと経営方針書はありましたが、

「これでは誰も見ないだろう…」

というかなりの大きさで、長年いるスタッフでさえも
「そんなもの、ありましたか?」

というような存在でした。

ただ形にするだけではなく、現場のスタッフ一人ひとりにまで浸透させ、実際の行動に活かしてもらうことが何より大切です。

経営方針書を活用できていない会社は、マネジメント層の人も読み込んでいないのではないでしょうか。

そうなると、会社の理念、ビジョン、ミッションを掲げていても、スタッフがそれを言えないということになってしまいがちです。

理念の復唱を習慣化して、スタッフに浸透させる

わたしたちの会社では、入社したら経営理念が書かれているクレドの内容を、覚えてもらうことにしています。ただ覚えても忘れてしまうものなので、スタッフ一人ひとりに経営方針書にある考えが浸透するよう、さまざまな機会も設けています。

たとえば、次のようなことを意識して行っています。

・経営方針書に載せている会社の理念は、集まったときに全員で復唱する

毎朝の朝礼に組み込むことで、文字を読むのが苦手な人でも、読む習慣が身についてきているようです。

・会社のスピリットは、毎日朝礼で読み合わせする

スピリットは日付ごとに違う内容を確認できるようにしていて、読んだ内容に対してどう思うか、1~2分意見を出し合う時間も設けています。

経営方針書は学生手帳のような位置づけのものなので、仕事のときは手元に持っていることを原則としています。

期の途中で辞める人からは、経営方針書を返却してもらいます。

経営方針書を「会社に所属している人だけが持つことのできる特別なもの」と位置づけているからです。

このような取り組みを通じて、スタッフに考え方が浸透し、日々の行動にまで落とし込めるようになってきています。

47

「魔法の書」は全員参加でつくりあげる

指針に沿って、スタッフ自身が考えて動けるようにする

経営方針書は、社長がひとりでつくるものではありません。

ビューティアトリエでも、お店については店長がメインでつくる、会社の戦略戦術については、各担当のリーダーがメインでつくる…というように、できるだけ多くの人数に関わってもらうようにしています。

店舗ごとにターゲットとなるお客様の層が大きく異なるので、各店舗がお客様への約束事を明確にして業務にあたることができるよう、文面にしておくのです。

こうすることで、より、それぞれの店舗がチームワークを高めて接客することができるようになります。

また、ターゲットとなるお客様の層を共有することで、スタッフたちの行動や服装も統一され、お店全体が自然と整っていく効果もあります。

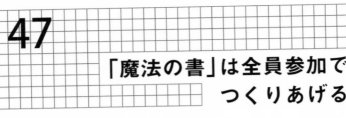

指針があると、お客様へのおもてなしも整う

たとえば、ターゲットのお客様が、30代後半から40代の場合。いただいている平均単価が1万円以上なのだとしたら、いくら10万円以上するアンティークなジーンズだったとしても、接客時に履いていいのか、失礼にあたるのかは想像がつきますよね。

このように、経営方針書を使うことによって、一人ひとりが自分で考えて仕事の判断ができるようになっていくのです。

逆に、この経営方針書という指標がないと、ちょっとした言葉づかいから、身だしなみ、ホスピタリティ全般に影響が出てしまうことになるのです。

ですから、経営方針書を作成するときには、どんなブランディングをするか、来ていただきたいお客様の層についても、それぞれの店舗で考えてもらうようにしています。

個人・店舗・会社それぞれの方針は、つなげて考える

昨今は、合宿を実施しづらい環境になってしまっていますが、以前は毎年スタッフ全員で集まり、1日使って経営方針書をつくる日を設けていました。その場で意識の統一をはかっていたのです。

順番としては、まず会社のテーマを説明して、理解してもらうところからはじめます。

それから、店舗ごとに望ましいお客様の層やその年の目標を決め、実現するために必要な行動を考えていきます。

そして、最終的には個人目標にまで落とし込みます。

このときも、個人の1年後を想像してもらい、1年先から逆算してどう過ごしていくかを定めるのです。

このように、会社、店舗、個人の目標のベクトルが揃うことで、どんどん叶いやすくなっていくでしょう。

経営方針書は、一つひとつの言葉にまでこだわる

毎年経営方針書を書き換えるときには
「どの言葉を使ったら、一番スタッフの心に響くだろうか」

と、とても頭を悩ませます。

それくらい、経営方針書は一人ひとりに影響する大切なものです。

ただ指示されたことに取り組むのではなく、自分たちで一緒に指針を考えていくことで、会社の方針への理解も深まっていくでしょう。

だからこそ、わたしたちはスタッフ全員で経営方針書づくりに力を入れているのです。

48 経営方針書は離職率を下げるきっかけにもなる

会社の理念に沿ったスタッフが集まってくる

経営方針書を刷新したことで、わたしたちビューティアトリエグループのスタッフは、年々会社の理念に沿う人たちで構成されるようになりました。

そうなったことで、目に見えて退職者が減り、

「働きやすくなりました」

「悩んだときに読み返すと、『そういうことか』と思い直すことができます」

「迷うことが少なくなりました」

という声も、よく聞こえてきます。

もともと、美容業界のなかでは、弊社は離職率が低いほうではありましたが、経営方針書をつくることで、さらに辞める人が減りました。

一人ひとりが経営方針書に沿って動けるようになったことで、各リーダーの採用の姿勢も変わったからです。

採用の指針が定まる

指針があると、そもそもどんな人を採用したほうがいいか、採用にあたって面接に訪れる人に何を伝えればいいかが定めやすいため、

「ビューティアトリエでは、売上だけではなく人間力の部分も評価されます。技術力が高くて売上も立っていればいいというわけではありません」

ということをはっきり言えるようになりました。

これによって、新メンバーは、そのスタンスを理解したうえで入社してくれるようになり、会社の方針を十分に理解した状態で業務をスタートできるようになったのです。

働いているスタッフのベクトルが同じ方向を向いていると、お店を見学しに来た人たちも具体的なイメージがつかめるので、

「この先輩たちと、この雰囲気のなかで働きたい」

と思って入ってきてくれます。

たとえば、わたしたちは見学者のみなさんに、名前を記載したゲストカードとお茶を出すようにしているのですが、これを見た若い学生さんは、歓迎されていると感じるようで、とても喜んでもらえています。

正直なところ、用意するスタッフは、一つひとつに手書きをしなければならないので、とても手間がかかっています。

でも、こうして実際におもてなしを体験してもらうことが、

「自分がおもてなしを受けてとても気持ちがいいから、わたしもこの人たちとこういうサービスを提供できるようになりたい」

という意識を持った人に入社してもらえることにつながっているのです。

もしも、おもてなしをしてもらえる喜びを知らないまま入ってくると、

「どうしてこんなに面倒くさいことをしなければいけないのですか？」

「必要ないのでは？」

という残念な思いを抱くことにもなってしまうでしょう。

これでは、わたしたちのサービス方針に合いませんし、理解できない場合は退職することになってしまいます。

社風をしっかり打ち出すことで、ミスマッチを防げる

わたしたちの場合は、一見大変に思える日々の取り組みの一つひとつに納得して入社してもらえることで、ミスマッチが減り、離職率も下がっていきました。

採用は一方通行ではなく、両想いの人が入ってくることが理想的です。

社風をしっかり打ち出していくと、自然と同じ方向を向いている人が集まってくるようになります。するとミスマッチが減って、自然に退職者も減少していく流れが生まれるのです。

経営方針書をつくって活かすことで、人の問題を大きく解消することができます。

49

経営方針書は、会社の一員としての誇りを育む

社内で意識が統一されるため、問題を最小限にできる

経営方針書が社内に浸透するようになってから、わたしたちの会社では、課題が大きな問題に発展することがなくなりました。

スタッフの考え方や目指す方向が統一されたことで、何かが起こったとしても、早いうちに解決できるようになったのです。

退職するときも、双方が嫌な思いをして離れるということはなくなり、

「卒業だね」

と送り出せるケースがほとんどです。

お客様に対しても、

「え!?　そんなことをしてしまったの!?」

というような、とんでもない失態を犯すことがなくなりました。

共有できる方向性があると、チームワークも生まれる

ビューティアトリエには「アトリエマン」という言葉があるのですが、経営方針書にある考えが浸透していることで、皆がアトリエマンとしての誇りを持って行動できるようになってきました。

想いを共有できていることで、スタッフ同士のチームワークが生まれ、絆も深くなっているのです。

社外の人から見ると、「会社っぽくない」という印象に映るかもしれません。

でも、会社は熱量があるほうが活性化するものだと思うのです。

共有できる方針があることで、皆で共感し合うきっかけが生まれ、チームワークが強化されるようになります。

50

経営方針書のつくり方

ミッション・ビジョン・ペルソナを明確にしていく

ここでは、経営方針書のなかでも、とくに重要な3つの要素について解説します。

1　会社のミッション・ビジョン

店舗や部署、人によって意識のズレが起きないように、会社のミッション（使命）・ビジョン（実現したい未来）は明記して、スタッフに共有しておきましょう。

たとえば、何かについて注意するとき、会社のミッション・ビジョンがなければ、リーダーが感情論で話しているようにも聞こえてしまいます。

でも、ミッションとビジョンがあれば、「会社では○○を大切にしているから、これをしてほしい（しないでほしい）」と、はっきり伝えることができるようになります。

2　個人目標（個人のミッション・ビジョン）

毎年、会社のテーマを提示してから、新しく個々に作成してもらいます。現在の自分では少し足りないと思われるところを、自身で考えて取り組んでもらうために行う取り組みです。

3　店舗（部署）ごとのミッション・ビジョン・ペルソナ

ペルソナ（お客様像）を明確にしておくのは、人財育成においても重要なポイントです。たとえば店舗ビジネスの場合、お店のペルソナが決まっていることで、オーナーやリーダーが毎回ルールを定めなくても、スタッフたち自身で考えていくことができるからです。

ビューティアトリエグループでは、店舗ごとのペルソナを、スタッフたち自身に決めてもらうということ自体も、人財育成につながっています。

それでは、それぞれの実例を含め、書き方の手順やポイントを見ていきましょう。

51 1　会社のミッション・ビジョン

ミッションの立て方の手順

1　会社が大切にしたいもの、志を明確にして、文章化してみる

2　他社の経営方針書を参考にする（イメージが明確になり、ヒントを得られる）

3　できれば、他者からインタビュー形式で話を聞いてもらう

＊作成のポイント

・言いやすく覚えやすい言葉、時代に左右されない言葉を使う

・ミッションは使命。自分たちの会社が大切にしたいものを明確にする

・商品ややり方は時代によっても変わるため、「志」や「あり方」のような、変わらないものにする

・リーダーやオーナー自身がワクワクしないものは書かない

・毎年見直しをして、5年に1回は本格的にテコ入れして変えていく

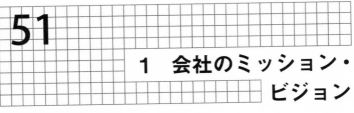

ビジョンの立て方の手順

1 未来にどうなりたいかを思い描く

2 言葉（単語）を書き出していく

3 出てきた大切な言葉をつなげて、ビジョンに落とし込む

＊作成のポイント

作成するときには、次のようなことを意識して、取り組んでみてください。

・会社の未来と働く人やお客様、地域や業界の未来を考えたものにする
・このビジョンを会社が叶えたときに、お客様はどうなるのか？　スタッフのお給料は上がっているのか？　世の中にとって必要な会社なのか？　ということまで考える（他人が感動しないビジョンでは意味がないため）
・10年後、20年後、30年後の会社がどうなっていたいかという未来から、なりたい自分たち像を描き、わかりやすい言葉で表現する
・皆がＷｉｎ-Ｗｉｎでしあわせになるものにする

3.ビジョン

ビューティ・アトリエグループ

ビジョン

(将来の具体的な計画)

Life style Beauty makes Courage《カレッジ》 and Possibility《ポッシュビリィティー》

美しい暮らしを通して勇気と可能性を創る。
世界の人を美しい暮らしで幸せにする『しあわせ創造企業』

「家族」として愛を持ったプロ集団で、
様々な才能が共存し、人に勇気と感動を与え、
元気に美しくすべてのお客様・スタッフを応援し、
幸せになってもらう『しあわせ創造企業』になる

対顧客

- ライフスタイルビューティーコンサルタント
- 心ときめく暮らしを提案
- 素敵な記憶
- 三面美養で生活全般のサポート

対スタッフ(人財)

- 美しい暮らしをサポートできるライフスタイルビューティーコンサルタントになる
- 自律して応援し合える人
- 可能性に挑戦する

対社会

- 地域社会になくてはならない会社になる
- 文化を伝えていける会社になる

対未来

- 未来に挑戦し続け、ワクワクする未来をつくる

1.会社理念

BEAUTY
ATELIER
Lifestyle Beauty

可能性に挑戦しつづけ、人が輝く社会を創る

2.クレド(ミッション)

クレド

私たちビューティアトリエマンの使命は、
お客様への心からのおもてなしと新鮮な技術、
理美養のプロとしての知識の提供により
お客様の美しい暮らしの実現に貢献します

❶ お客様が経験されるもの

－ それは感覚を満たす心地よさと満ち足りた幸福感

❶ お客様にお持ち帰りいただくもの

－ それは願望やニーズを先読みしておこたえする
おもてなしの心と洗練されたスタイル

❶ 私たちが目指すもの

－ それはお客様と私たちのHAPPINESS

52

2 個人目標（個人のミッション・ビジョン）

未来デザイン図のつくり方の手順

個人の目標の場合は、1年後の理想の自分を思い描いて、それを実現したところをイメージして書いていきましょう。

会社と店舗のテーマに合わせて、毎年作成し直すのがおすすめです。

＊「1年後の未来」として書き出すこと

・タイトル
・達成できた理由
・目標のためにしたこと
・目標のためにやめたこと
・テーマ曲
・アファメーション（肯定的な宣言）

＊「12ヵ月の習慣」として書き出すこと

・1月から12月まで、毎月それぞれ習慣にすること

2021年 4月モチベーションにて作成

「未来デザイン図」

作成日:2021年　　月　　日

達成日:2022年　　月　　日

1年後の未来を実現した自分

タイトル	
⑩テーマ曲	
⑨アファメーション	
⑧達成できた理由	
⑦目標達成のために やめたこと	
⑥目標達成のために やったこと	

12ヶ月の習慣

6月		12月	
7月		1月	
8月		2月	
9月		3月	
10月		4月	
11月		5月	

53

3 店舗（部署）ごとのミッション・ビジョン

お店のブランディングの立て方

時代もスタッフも変わっていくものなので、わたしたちも、お店のミッション・ビジョンは5年に一度、ペルソナは2年に一度は見直しをして、作成するようにしています。

1 役割・使命（ミッション）
・関連する人全員で話し合って決める
・会社のミッション、ビジョンとはあえて関連づけなくてもよいが、実際はそれほど離れていないはず。もし離れすぎていたら修正が必要

2 ビジョン
・その店舗（部署）ごとの具体性が必要
・お客様にどんな未来を与えられるかをイメージできるものにする

3 お客様（ペルソナ）
・具体的なお客様像を明確にする

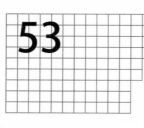

4　ポジショニング

・この店舗（部署）がお客様にとってどんな存在か？

5　約束

・お客様とどんなことを約束するか？

6　個性、独自性

・何がほかのサロンよりも優れているか、独自性を具体的に明記する

7　競争相手

・意識する他業種と比較して遜色ないか

(例) 遊園地よりも、わたしたちの美容室を選びたいと思っていただく

↓「おもてなしや癒しでは、○○遊園地には負けません」

・ほかにも、昨日の自分といまの自分とを比べて、よくなるようにしていくなど、自分たちでいい競争相手を見つける

54

4　店舗（部署）ごとのペルソナ

ペルソナのつくり方

ペルソナ（お客様像）を設定することによって、どんなサービやおもてなしをしたほうがいいのか、お客様にどんな話題を提供したらいいのか、どんなメニューがいいのかというところまで決まってきます。

スタッフたち自らがつくったペルソナなので、お客様に気に入っていただける技術や人財とは何かを考えて、実現していける流れをつくれます。

＊ペルソナを明確にするために書き出すこと

・イメージ写真（流行などもあるので、毎年入れ替える）
・名前（実在するお客様の場合もＯＫ）
・基本情報：性別、年齢、血液型、住所、資産、貯金、住居（戸建て or 賃貸マンション？）、同居家族構成
・好み（例）自分らしいしあわせを求めている人、自然体が好き
・購読ファッション誌（例）『Precious』など

・食事の好み　（例）オーガニック系
・好きなドリンク　（例）スムージー・ワイン・シャンパン
・好きなブランド　（例）エルメス・カルティエ・クロエ
・美容に関しての価値観　（例）自分らしいしあわせ、なりたい自分になるために美しい生き方をしたいと考えている40代女性
・仕事情報
・プライベート
・過去と未来
・インフルエンサー
・情報収集方法

＊作成のポイント
・現時点でのターゲット層ではなく、少し高めの理想を思い描く
・ペルソナに合うメニュー、室内内装、音楽を想定する（そこに憧れるお客様が来店してくれるようになる）
・現実味がありすぎると行き詰まってしまう

ペルソナ

ATELIER JOJO
Beauty atelier group

基本情報

氏名・あだな	田中 美和子さん
性別	女性
年齢	49歳
血液型	O型
住所	宇都宮市宿郷
資産・貯金	1,200万円(子どものため)ほぼご主人の稼ぎ
住居	一戸建て(2階建て。一人一部屋)
同居家族構成	夫(52)・長男(19)・長女(17)・祖母(75)・猫

好み

【ファッション誌】InRed・GROW
【ブランド】ルイヴィトン・GUCCI
【言葉】限定・リフトアップ・デトックス
【芸能人】佐藤健
【インフルエンサー】石田ゆり子・吉瀬美智子・美容は田中みな実
【テレビ】ドクターX　【食べ物】チーズ・ナッツ
【ハマっているもの】ヨガ・ショッピング・フレグランスランプ・作り置き

美容の価値観

サロン利用 月に1回 単価¥20,000(ヘッドスパ、ヘアケアは必ず)。美容系は全てJOJO。週1〜2日ジム利用。
ホームケアは週1トリートメント+毎日アウトバス。メイク時間10分+2分。美容に対しての審美眼はまぁある方。

[仕事情報]

医療系事務 部長クラス。年収500万円。キャッシュレス。
車で20分かけて通勤。5:00起床、0:00就寝。

[プライベート]

趣味はジム、ショッピング、お菓子作り、作り置き。週末はご主人とデートやママ友とランチ。アウトドア、ゴルフは誘われれば行く。普段は自炊。ムダに高いものは買わないが、身体に良い物にこだわる。健康体だけど最近年齢的な衰えを気にしている。

[過去と未来]

大卒。学生時代の習い事はピアノと習字。部活は中・高テニス部。
今ハマっているのは朝ドラ。節約は強いて言えば食費(質にこだわるけどムダなし)。教育費、趣味のジム・美容室に投資。今後の目標は子どものやりたいことを応援。夢は主人と別荘暮らし。

[インフルエンサー]

芸能人では吉瀬美智子、米倉涼子、吉田羊、石田ゆり子、篠原涼子。友人派(ご主人は何をしてもいいと言ってくれるので)、親友。身内では娘。職場では若手社員。美容ではIKKOさん。自分自身はムードメーカー。中心人物。

[情報収集方法]

PCは家に1台。スマホ使用時間1日2時間。ネット使用時間1日7時間。何でもすぐに検索。
ドラマ、SNSで情報収集。FB、インスタ、LINE使用。下野新聞とってる。

【お店のビジョン】

『マイビューティプランナー』

私たちはお客様とご家族の皆さんが、今も・いつも・いつまでも健康で美しくHAPPYでいられるために、本当に必要だと思うものだけを提案します。

アトリエ ジョジョ店 ブランディングイメージ	
1. 役割・使命	毎日をイキイキとHappyに過ごしていただくための技術・情報を「マイビューティカレンダー」を通してご提供する。
2. ビジョン	マイビューティプランナー
3. お客様	仕事と家庭を両立させながらキレイを追求する方
4. ポジショニング	髪だけでなく、心も体も美しくなりたい人が集まるパワースポット
5. 約 束	お客様一人ひとりの本当のキレイをプランニングします。
6. 個性・独自性	ビューティパスポートを活用してお客様の「なりたい!!」を叶えるサロン
7. 競争相手	自分自身

年間目標　　　　　　　　　　円

＝単価(　　　　　円)×客数(　　　　人)

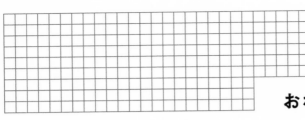

おわりに

強くて温かい組織をつくろう

本書を最後までお読みいただき、ありがとうございます。

企業の経営に、人は不可欠。

そして、人は人によって育まれるものだということを、改めて実感しています。


わたし自身も、日々挑戦の連続です。

うまくいくこともあれば、思うように実を結ばないこともある。それでも、

「こうしたらどうか」

「もっとこんなふうにできるのではないか」

という奮闘の繰り返しによって、着実に会社と人が成長してきたことを感じるのです。

何事も、すぐに結果が出ることもあれば、時間がかかることもあります。

人も同じ。

驚くようなスピードで伸びる人もいれば、ゆったり進んでいく人もいます。

コツコツ積み上げるなかで、ある日突然急成長を遂げる人もいます。


さまざまなメンバーたちと日々の業務に取り組むなか、ある日、育ったスタッフが、思いもよらない形で会社に貢献してくれたりもするのです。

これは、わたしひとりでは、経営陣だけでは、なし得ないことです。

この、たくさんのメンバーが一丸となって想像を超える化学反応を体感できることこそが、組織であることの醍醐味だと思うのです。


人を育成するのは、簡単なことではありません。

でも、だからこそ、人財育成はおもしろい。

これからも、人とともに歩んでいくことを、あきらめずに続けていきたいものです。

処女作となる本書は、たくさんの人との出会いのなかで生まれました。

1年前から企画が立ち上がり、コロナ禍でさまざまなチャレンジを続けるなかで完成しました。打ち合わせを繰り返し、会社や現場のスタッフにも触れていただきながらの書籍制作をご一緒した株式会社サイラスコンサルティング代表の星野友絵さん、スタッフのみなさん。ありがとうございます。

かざひの文庫代表の磐﨑文彰さん。

このたびは、出版の機会をいただき、ありがとうございました。


いつも経営にも人生にも大切な学びを提供してくださる一般社団法人ベストライフアカデミー代表理事の前田出先生。

前田出先生をはじめ、素晴らしいご縁をつないでくださる山本果奈さん。

おかげさまで、出版というひとつの夢が叶いました。

人を大切にする経営学会会長坂本光司先生。おかげさまで、日本でいちばん大切にしたい会社大賞を受賞できたことが、活動の原動力になりました。

ビューティアトリエに在籍し、卒業していった先輩方。みなさんのおかげでいまがあります。また、現在会社を支えてくれているすべてのメンバーへ。

日々ともに歩んでくれていることに、感謝しています。これからも、皆で強くて温かいチームをつくり続けていきましょう。


そして、先代である母、田中千鶴先生。

子どもの頃からずっと、仕事と人に向き合う背中を見て育ってきました。

先代が築いてきた土台があったからこそ、わたしも信念を持って自分が取り組むべき経営に邁進できました。いま、二代にわたってビューティアトリエグループを認めていただける機会が増えたことを、心から誇りに思っています。これからも見守っていてくださいね。

日々隣で支えてくれる、夫、二人の娘へ。家族はわたしの原動力です。

いつも本当にありがとう。


ひとりでも多くの人、多くの企業が、人の可能性に気づき、人を信じて進んでいける社会になっていくことを、心から願っています。

2021年12月　郡司成江

郡司成江（ぐんじまさえ）
人財育成コンサルタント
ビューティアトリエグループ 総美有限会社代表取締役
栃木県生まれ。大学卒業後、英ヴィダル・サスーンアカデミーに留学し、現地サロンで経験を積んだ後、母親の経営するビューティアトリエグループに入社。マネージャーを経て2010年より代表に就任。宇都宮市内に美容室、理容室ほか、ベトナム・ダナンにも直営サロンを展開し、外面、内面、精神面を美しくする「三面美養」をテーマに、現在23店舗9業種の経営を担う。
創業58年を迎えるなか、毎年スタッフ140名一人ひとりとの面談を続け、これまでに1000人以上の人財育成に携わる。
新卒者をゼロから育むきめ細やかな育成スタイル、離職率の低さ、障がい者雇用などの取り組みが評価され、2021年に「第11回日本でいちばん大切にしたい会社大賞　審査委員会特別賞」受賞。
現在は、経営者向けの講演や研修にも多数登壇するなど、活躍の場を広げている。
プライベートでは二児の母。
著書に『後継者が自ら社長になりたくなる方法』（Kindle出版）がある。

理想《りそう》のメンバーを育《はぐく》む
人財育成《じんざいいくせい》の教科書《きょうかしょ》

郡司成江《ぐんじまさえ》著

2021年12月10日　初版発行

発行者　磐﨑文彰
発行所　株式会社かざひの文庫
〒110-0002　東京都台東区上野桜木2-16-21
電話／FAX 03(6322)3231
e-mail:company@kazahinobunko.com　http://www.kazahinobunko.com
発売元　太陽出版
〒113-0033　東京都文京区本郷4-1-14
電話03(3814)0471　FAX 03(3814)2366
e-mail:info@taiyoshuppan.net　http://www.taiyoshuppan.net
印刷・製本　シナノパブリッシングプレス
企画・構成・編集　星野友絵（silas consulting）
装丁　重原 隆
DTP　宮島和幸（KM-Factory）

ISBN978-4-86723-064-0